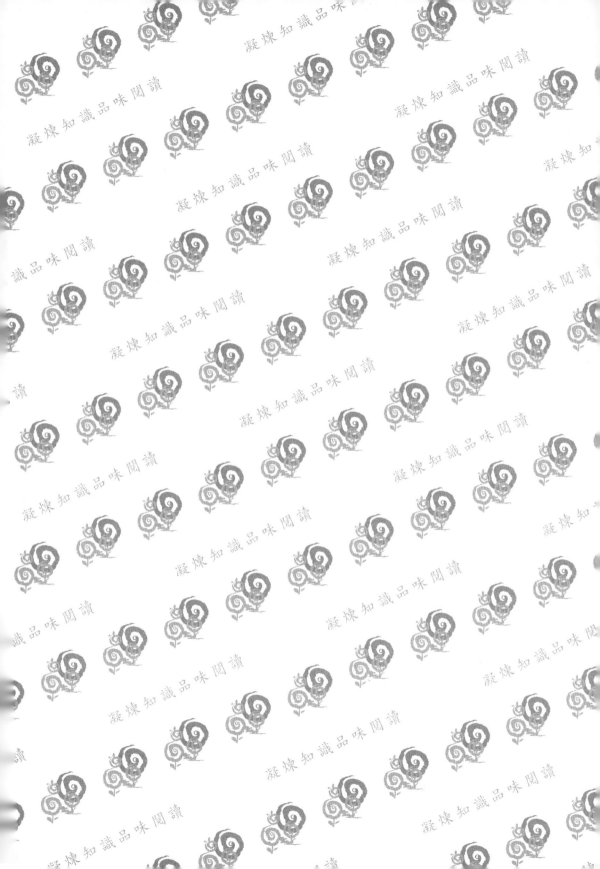

超圖解

財政學
理論與實務並行，圖解帶著你飛行

王有康、童中儀、張力、何為民 合著

財政學一本通，最適合0基礎的你

五南圖書出版公司 印行

　　隨著大數據與人工智能的時代到來，雖然財政學的理論與應用也不斷地演進與蛻變，但國家財政目標在於配合重大公共支出與服務、維護稅賦公平正義、增進國民福利的觀點，是學術界普遍的共識。因此，如何利用有限的財政收入，積極管理與運用，發揮最大的乘數效果，顯得更加重要。本書《超圖解財政學》作者群王有康、童中儀等教授，以淺顯易懂的方式介紹財政學，讓讀者能更清晰地了解財政與我們的生活有何關聯，特別是租稅與公債，是財政收入非常重要的工具。本書以財政理論搭配財政案例，採取生動不枯燥的方式介紹財政理論，尤其本書部分章節配合當前財政議題，以漫畫方式圖解展現，是本書很大的亮點，在此推薦給大家研讀。

謹薦

中央研究院經濟所研究員

2020.08.15

序言

　　財政是公認社會科學中，政治經濟學門的重要一環。它與每個公民的生活息息相關，並涉及到一國公共支出是否有效率、政府是否把錢花在刀口上、國家公共支出是否真正給予需要照顧的對象、租稅制度的設計是否符合租稅公平正義與財政收入原則。

　　許多國家普遍存在執政者為了討好選民以繼續執政，大舉編列非生產性支出的預算。如此一來，容易造成歲出大於歲入的「溫水煮青蛙」式的財政幻覺，助長國家債務螺旋式惡性膨脹。回顧 2008 年的全球金融危機，導致冰島陷入國家破產邊緣。許多歷史告訴我們，一國的財政出現長期赤字，可能優先檢討公共支出結構是否合理、有無浪費情形或是應該刪減哪些不必要的支出，要比政府一味地發行公債來彌補財政赤字缺口，來得更具體有效。例如：1997 年亞洲金融風暴期間，馬來西亞單靠舉債，還是沒能有效改善經濟問題。2009 年以後出現的歐債危機，更是歐洲國家大幅舉債不當的鐵證。更甚者，財政收支是否允當，攸關一個國家執政者能否繼續執政。

　　回顧財政史，從早期亞當・史密斯主張最小的政府是最好的政府，到後來出現市場失靈，人民逐漸意識到，單憑亞當・史密斯有名的「看不見的手」的市場經濟，可能無法解決市場外部性問題。例如：工廠排放汙染，影響當地居民的生活品質，工廠對當地居民的要求置之不理。或是生產商不當囤積紅標米酒或大蒜，導致商品價格不合理飆漲等情形。特別是民生物資用品，如果沒有政府的協調解決，可能造成大多數消費者權益受損。可見市場失靈最終還是得仰賴政府的介入。

　　但是如果政府也失靈了，那該怎麼辦呢？例如：政府介入解決，卻反而讓事情愈來愈糟糕。例如：地方政府利用納稅人的錢，支付省屬公庫銀行因貸放企業收不回放款項所留下來的呆帳。或是廠商為了獲取青睞，對政府部門管理單位的尋租行為。以上現象都是我們所關心的財政議題。

　　本書對這些問題做了精闢的解答。每個章節除了介紹最新的財政理論，也加入近年來國內外發生的實際財政案例。本書非常適合作為人手一本的入門讀物。也是大專院校財政學的入門教材。有志於財稅高普考、地方特考公職考試的讀者請不要錯過，本書能幫助您理解財政學的重要概念

王有康 童中儀 張力 何為民 謹誌

2020.08

目錄

Chapter 10　公共選擇 —————————————— 199

Chapter 11　福利經濟學 —————————————— 217

Chapter 1

財政學概論

財政私房菜

　　南方澳大橋斷裂事故發生在 2019 年 10 月 1 日上午 9 時 30 分，位在台灣宜蘭縣蘇澳鎮南方澳的南方澳大橋意外斷裂，橋體結構坍塌，造成多名人員傷亡，以及船隻、車輛損壞，並連帶影響周邊居民與港務交通。為了避免類似不幸事件再度發生，公共建設屬於公共財，品質優先於成本，寧可買最好的，也不要為了節省成本而讓民眾在使用公共設施時，擔心使用安全問題，公共財基於品質安全，應該採「量出為入」原則，不像私有財，基於節省成本，採「量入為出」原則。

南方澳大橋 2019 年發生斷裂，提醒大家公共財的品質比成本更重要，所以公共財應採「量出為入」原則，不應像私有財為了節省成本而採「量入為出」原則。

　　財政對整個社會都有深遠的影響，財政活動與我們的生活密切相關，例如：不少人是在財政資助的公立醫院中出生；長大之後讀的是公立幼兒園、公立國小、國中、高中，享受的是財政支出的義務教育，許多人考上的大學也是靠國家財政補貼的公立大學；大學畢業後，許多人的工作單位是靠財政撥款的公家機關，工作收入必須納稅，一旦失業，也是由政府提供的救濟金維持生活，可以說從「搖籃到墳墓」都與政府的財政有關。

1-2 財政的定義

假使脫離實際，僅從經濟學角度定義「財政」，視野與思路受到限制，容易以偏概全。因此，「財」是指政府收支，「政」是指政府收支的治理。事實上，財政學不僅是經濟與政治的交匯點，而且是與其他多門相關學科交匯，比如與法律學、管理學、心理學、統計學、社會學等等。

財政示意圖

政府收支

政府收支的治理

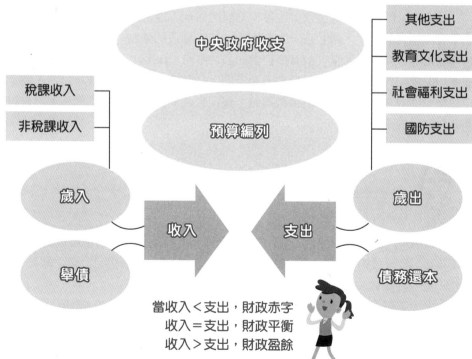

中央政府收支

預算編列

稅課收入

非稅課收入

其他支出

教育文化支出

社會福利支出

國防支出

歲入

歲出

收入

支出

舉債

債務還本

當收入＜支出，財政赤字
收入＝支出，財政平衡
收入＞支出，財政盈餘

1-3 國家、政府與財政的關係

小時事大知識

　　由於新冠疫情的影響，2020 年 3 月 1 日歐盟成員國財政部長會議同意，暫停執行布魯賽爾協定有關約束歐盟各國公共赤字的嚴厲措施，這項所謂的普遍豁免條款（general escape clause），賦予各國政府所需的彈性，得以加大財政支出，用來對抗疫情導致的經濟停擺。

　　國家是財政分配活動主體，財政是伴隨國家的存在而產生的。國家的存在及穩定、政府實現國家職能，都需要財力保障，但是國家通常並不（或極少）從事實際生產，政府作為公共權力與公共服務機構，不像工商企業以營利為目的，本身也沒有收入來源，為了維持政府部門正常運作，一般來說，政府會透過稅收等形式，從民眾取得收入。

　　依 IMF（國際貨幣基金會）定義，公部門係指「經由政治過程所建立的權力機構及其執行部門」，並且在一定範圍內，享有獨占的強制力，並基於經濟、社會與政治等公共目的考量，故其所提供的公共服務（public services）的性質、成本與財源，與私經濟部門性質與角色不同。依政府功能來看，政府財源主要來自於強制性收入，而所提供的公共服務，係以公共利益為優先，不像私部門是以商業營利目的優先。

小時事大知識

　　2010 年初爆發的希臘債務危機，造成歐元大幅貶值，為遏止希臘債務危機蔓延，歐盟被迫推出 7,500 億歐元來拯救財政危機，休謨的《公債亡國論》差一點成為事實。

　　根據歐盟規定，所有成員國年度赤字不得超過 GDP 的 3%，政府債務占 GDP 的比重不得超過 60%。

稅課收入仍是財政收入的主要來源

1. 根據 IMF（國際貨幣基金會）歷年年報觀察，台灣近 5 年的稅課收入占歲出的比重，也就是財政學上的「租稅依存度」，由下表可以發現台灣近 5 年的「租稅依存度」分別為 72.5%，78.5%，78.9%，79%，80.8%，呈現逐年上升趨勢，一方面顯示我國歲出的財源有愈來愈多是由課稅收入而來。

2. 另一方面，由下表觀察其他地區國家情形可以發現，除了中國大陸與美國之外，台灣的租稅依存度與加拿大、日本、法國、德國、新加坡等國相比，仍是這些國家當中最低的。

3. 由各國資料顯示，稅課收入在歲出當中扮演愈來愈吃重的角色已成國際趨勢。

稅課收入占歲出之國際比較

單位：%

年度	台灣	日本	德國	英國	美國	新加坡	法國	中國大陸	加拿大
2014	72.5	77.3	86.9	75.2	68.6	92.5	79.7	83.5	81.8
2015	78.5	79.4	88	77.5	69.9	75.2	80.2	78	82.3
2016	78.9	79.9	88.6	80.4	68.7	81.8	80.4	76.9	81.9
2017	79	82	89.3	82.6	71.7	87.6	82	79.4	82
2018	80.8	83.8	90.2	81.7	65.9	79.9	82	–	81.4

資料來源：依 IMF, 'Government Finance Statistics Yearbook' 資料編算。

1-4 財政的特徵

財政一般具有以下三個特徵

1. 公共性	凡不屬於或是不能納入公共需要領域的事項，財政原則上不去介入，凡屬於社會公共領域的事項，而市場無法解決的，或是解決不好的，財政必須介入。
2. 強制性	是指國家憑藉政治權力通過頒布法令實施的。政府對人民課稅，就意味著政治權力凌駕於所有權之上，依法強制徵收，任何形式的抗稅都是一種違法行為。財政支出也具有強制性，像是在財政支出的安排上，許多人有不同意見，有的要求建一條高速公路，有的要求建一座公園，但公共支出不可能按某一個公民的意見做出決策，而是通過一定的政治程序做出決策並依法強制實施。
3. 共同報償性	國家徵稅後，稅款便歸國家所有，對納稅人不需要付出任何代價，每一個納稅人都無權要求從公共支出中享受與他的納稅額等值的福利，也就是對於每一個納稅人來說，他的付出與所得是不對稱的。

大神突破盲點

　　某富豪張三繳的稅多，某乞丐李四沒有收入，免繳稅，但是富豪因為工作太忙而沒有空去中正紀念堂賞櫻花，李四卻有空每天去中正紀念堂散步運動，這就是共同報償性，繳稅多的張三得到政府公共支出的好處反而較少。繳稅與回饋沒有對等的關係。

小時事大知識

　　根據《稅捐稽徵法》第24條規定，納稅義務人如果有欠繳情況，稅捐稽徵機關得辦理相關稅捐保全措施，所欠稅款，國人欠稅150萬元以上，營利事業在新台幣300萬元以上，得限制負責人出境，俟提供相當擔保，始得解除其限制。

1-5 財政理論的發展概述

1. 1723-1790 年，亞當・史密斯的財政理論	主張國家政府的職能愈小愈好，政府只要能起著「城市警察」的作用便足夠了。
2. 1767-1832 年，Jean-Baptiste Say 的財政理論	Jean-Baptiste Say 主張最好的財政計畫就是支出最少的計畫，最好的租稅就是負擔最輕的租稅。
3. 1929-1933 年，凱因斯的財政理論	(1) 凱因斯認為經濟不景氣是由於市場有效需求不足所造成，因此他認為唯有透過擴張性財政政策才能有效增加國民所得，降低失業率，改善經濟。 (2) 凱因斯主張擴大政府職能和加強政府對經濟的干預，他認為只要通過稅收公債利息等財政政策來刺激消費，提高社會有效需求，便可以解決經濟危機。
4. 供給學派理論	(1) 20 世紀 70 年代初期，當通貨膨脹與失業率同時居高不下，人們對凱因斯理論產生了懷疑，以弗利德曼為代表的經濟學家，發動一場對凱因斯的「反革命」，但是，凱因斯主義的反對者並沒有建立一套足以與凱因斯主義相抗衡的財政學說，實際上，他們仍然在凱因斯所建立的理論框架內活動，區別只在於他們力圖在這框架內恢復古典學派的傳統。 (2) 他們雖然推崇法國經濟學家 Jean-Baptiste Say 自由放任的經濟理論，但並不反對國家干預經濟，而是反對政府對經濟過多的干預，他們認為正是因為政府干預窒息了市場經濟的活力，造成了停滯通貨膨脹的發生。「財政優先」的政策主張受到質疑，代之以「貨幣優先」的政策，生產面供給問題重新受到重視，形成了供給學派，其主張放鬆政府干預，促進市場調節，降低稅率，刺激供給。

5. 1966 年，公共選擇理論	(1) 以布坎南和塔洛克為代表的一批經濟學家，在財政學的一個重要領域取得了重大的理論進展，他們把財政當作公共部門經濟，集中研究社會共同需要以及滿足這一個需要的產品——公共財問題，分析決定公共財生產與提供過程，以及配置公共財的機器——政府組織與機構的運行。
	(2) 布坎南等使用經濟分析方法研究政治問題，形成了「公共選擇理論」，促進了財政學向公共經濟學的轉變，公共經濟學便是當代的財政學，如今，當代財政學的研究範圍已經超過了政府經濟活動，還包括非政府公共部門經濟活動，近年來，當代財政學出現了轉變傾向，較多地涉及個體經濟分析。
6. 1994 年，財政分權理論（又稱財政功能說）	Musgrave 與 Tresh 從訊息不完全和非確定性觀點，提出了「偏好誤識」理論，認為中央政府有可能錯誤地認知社會偏好，從而錯誤地把自己的偏好強加諸於全體人民的身上。因此提出了「財政分權理論」。

財政學六大重要理論

亞當・史密斯主張政府職能愈小愈好

Say 主張最佳財政計畫就是支出最少的計畫

凱因斯主張擴張性財政政策

供給面學派主張減稅

布坎南公共選擇理論

中央與地方財政分權理論

1-6 財政的研究

1. 研究對象

(1) 財政基本理論	主要了解財政與政府，政府與市場的關係。
(2) 財政收支問題	如何透過收支來影響經濟運行，達到政府既定的經濟目標與社會目標。
(3) 財政制度	研究財政活動離不開財政制度的研究，例如：稅率的高低，稅目的設置要透過稅收制度來確定，財政收支的安排要透過預算制度來實踐，並通過一定的審計程序給予審核。

2. 研究方法

(1) 理論分析與計量研究

財政學研究經常進行理論分析，理論研究不局限於數理方法，但在西方學術界，理論研究已經基本上等同於以數理方法對經濟問題進行分析。

事實上，理論研究更注重經濟學思想，而非純數學工具本身，這也是經濟學不同於數學之處。

理論研究得出的模型是否成立，往往要透過計量經濟學方法的嚴謹檢驗。

(2) 財政的實證分析、規範分析、案例分析

實證分析	就是排除主觀價值判斷，只對經濟現象及其發展趨勢做客觀分析，並根據這些規律來分析和預測人們經濟行為的效果，簡單地說，就是按事物的原本面目來描述事物。
規範分析	運用在財政學就是要根據市場經濟這一制度為前提，在公平與效率這兩大基本社會準則，來判斷目前財政制度是否與上述前提與準則相一致，並探討財政制度的改革問題。
案例分析	對於財政學這樣的學科來說是非常重要的，社會科學面對的是社會生活過程中發生的事件，一旦發生就成為過去，不像自然科學事件那樣地可以進行重複性實驗。一般來說，財政學案例是對公共部門經濟活動過程中的某種具體情景的分析，這樣的案例分析必須按一定程序進行，例如：人們逃稅的背後動機或原因是什麼，政府的對策是什麼。

1-7 Musgrave 財政功能說

財政政策的功能如下：

1. 經濟穩定	一國政府利用財政政策（擴大政府支出或調降稅率）促使經濟復甦或抑制景氣過熱。
2. 資源配置	在社會資源有限情況下，政府如何透過財政政策，例如：對奢侈品課稅，以避免社會形成過度奢侈浪費風氣，讓社會資源做最有效率的配置。
3. 所得重分配	政府可透過移轉性支出與課稅功能，例如：租稅應該由誰來承擔、稅率應該是多少、家庭年收入多少以下免稅等，讓一國人民的經濟福祉盡可能達到公平的分配狀態。

財政三大功能

01 經濟穩定

復甦經濟
抑制景氣過熱

02 資源配置

改正社會風氣
資源有效率配置

03 所得重分配

利用移轉性支出和課稅，讓所得分配更公平

1-8 課稅原則

1. 量能課稅	(1) 要求個人的稅捐負擔，應按照稅捐義務人可以給付稅捐的能力，加以衡量。 (2) 量能課稅原則乃是基於憲法平等權之要求，其量能指標包括所得、財產及消費。其中所得乃是把握其客觀淨額所得，並減除個人及家庭基本生活費後之可支配所得，作為課稅所得。而財產乃是把握納稅人之可能的應有收益作為課稅對象，如無應有收益，則不應課稅，以免過度侵害人民財產權。
2. 實質課稅	按實質課稅原則，係指因課稅對象之經濟活動複雜，難以法律加以完整規定，故為實現衡量個人之租稅負擔能力而課徵租稅之公平主義，並防止規避租稅而確保租稅之徵收，在租稅法之解釋及課稅構成要件之認定上，如發生法律形式、名義或外觀與真實之事實、實態或經濟負擔有所不同時，則租稅之課徵基礎，應著重於事實上存在之實質。

課稅原則示意圖

政府課稅，不應過輕，以免課不到稅，但是財政「果樹理論」告訴我們：課稅，也不宜過重，以免傷及稅本。這就好比砍了樹，明年就吃不到果子了，如果只摘果子，明年還有果子可吃。

1-9 財政週期

　　財政週期是指財政收支盈餘或赤字的波動週期，財政週期是由財政收入週期與財政支出週期共同作用決定的。影響財政週期的因素，主要有以下幾個面向：

1. 經濟波動的週期，財政收入主要來自國民所得，當經濟發展程度提高，財政收入相對增加。

2. 公共投資支出的擴張與收縮，一定程度上影響財政支出的擴張與收縮，當經濟高度增長，為避免出現通貨膨脹，應控制財政支出擴張速度與數量；反之，當經濟放緩時，可運用財政盈餘，擴大公共支出，增加市場需求，恢復經濟景氣。

3. 當經濟增長或放緩時，可由平衡財政政策調整為週期性財政政策。

4. 在不同的國家財政分配體制下，應使財政支出週期與財政收入週期相聯，簡單來說，新增的財政支出計畫應該要有對應的新增財源支應。

5. 事實上，許多財政支出的擴張和收縮，在一定程度上是由於市場投資支出的擴張和緊縮所引發的。

6. 在一國社會經濟運行過程中，財政週期可以從適應經濟週期轉為「反經濟週期」，當經濟高度成長時，適當控制政府財政支出速度，讓財政出現盈餘。

7. 當經濟成長趨緩時，運用財政盈餘刺激經濟的恢復。

8. 總之，財政收支應由堅持當期平衡的概念轉變為「週期性平衡」。

1-10 財政紀律

1. 定義

   針對一國政府支出成長的約制、預算赤字的降低、公共債務的控制和相關財源的籌措，不受政治等因素影響，促使政府重視財政責任與增進國家利益的法條或道德規範。

2. 概述財政紀律

   (1) 為什麼需要財政紀律：政府雖擁有課稅權，但是為了避免行政部門過度濫用課稅權，憲法賦予立法部門最終同意或否決課稅的權利。若政府支出無法節制，勢必形成政府債務。因此財政紀律能有效制約過度浪費。

   (2) 財政紀律的定義：是指對於政府支出成長的節制、預算歲入歲出差短的降低、公共債務的控制及相關財源籌措，應維持中立超然立場，不受政治、選舉因素影響，以促使政府與各政黨重視財政責任與國家利益之相關規範。

3. 具體方法包括：

   (1) 各級機關所提法律案大幅增加政府歲出或減少歲入者，應先具體指明彌補資金之來源。

   (2) 政府各級機關所提稅式支出法規，應確認未構成有害租稅慣例。

4. 108 年通過的《財政紀律法》，就是國家避免歲出浮濫支出造成短絀，其中第 9 條規範，預算支出增加，應由各機關提出替代的財源，以及籌措方式，避免預算赤字。

5. 尤其第 5 條規範中央政府各級機關，立法委員提出的法案如果會造成大幅增加支出，應具體敘明該筆支出的財源，可見《財政紀律法》是避免支出浮濫的尚方寶劍。

大神突破盲點

　　財政大水庫理論是指，富人繳的稅較多，窮人繳的稅較少，甚至不用繳稅。為了照顧社會弱勢，政府還會補貼窮人。因此，財政就好比大水庫，大家都繳稅，但是繳稅多的人，並不保證得到政府較多的照顧，這就是財政學的「共同報償原則」。與私經濟付出較多的錢通常會得到較好的商品或服務的「個別報償原則」不同。

小時事大知識

　　前財政部長林全博士曾提出「衣櫃理論」。他說衣櫃的空間就像預算總額，假如只想到要買什麼衣服，沒有思考哪些舊衣服可以捨去。那麼，預算只會愈形膨脹，只好買更大的衣櫃；換句話說，最終只能「加稅」。但是他認為「加稅」不是解決預算赤字的根本辦理，運用財政紀律，把預算用在刀口上，才是正道。

Chapter 2

市場失靈與財政職能

2-1　理想的經濟市場

財政私房菜

　　社會中經常會看見外部現象，例如：住家附近遭受某某工廠排放廢氣造成空氣汙染，或是排放汙染廢水，造成當地居民生活品質下降，甚至危害到居家健康安全。由於受害的居民多半分散，相對於汙染工廠而言，居於弱勢，如果沒有政府的強力介入，往往無法制止排汙工廠繼續排放廢氣廢水的行為，受害居民多數無法單憑己力從汙染廠商得到應有的補償，這也是財政與私經濟最大的不同。例如：針對噪音造成機場附近住戶的外部性，日本是按照飛機著陸次數對航空公司徵收機場噪音稅。此外，在荷蘭，養狗要繳稅，理由是跟其他動物比起來，養狗較容易對環境造成負擔。每個人養狗後，要在數週內向地方政府登記，每年在收垃圾稅和水稅的時候，就會一併收到狗稅帳單。

社會中偶見少數人沒有公德心，把垃圾掃到乾淨河流中，造成環境汙染，「外部成本」增加，當地居民生活品質下降。

帕雷托最優是理想的經濟市場

1. 帕雷托最優

在一個自由選擇的社會體制，人們不斷追求自身利益最大化的過程中，可以使整個社會資源得到最優的配置。市場機制是一隻「看不見的手」推動著人們往自利的動機出發，人們在各種買賣行為、各種競爭與合作關係中實現互利。交易使雙方都能得到好處。帕雷托認為如果最後任何的調整都無法使得調整後的一些人境況變好，而其他人的境況至少不壞，這種狀態就是最好的，也就是帕雷托最優。

雖然許多經濟學家認為，市場機制是迄今為止最有效的資源配置方式，但是，現實世界裡由於市場本身不完備，特別是市場的交易資訊並不充分，導致經濟資源配置產生浪費和不具效率。

2. 帕雷托較劣

若政府宣告未來將實施降低電費或減稅措施，事後卻沒有做到，造成民眾對政府信賴度下降，將使未來政府採取類似措施出現「狼來了效應」，這就是 McDonald 與 Milbourne 提出的帕雷托較劣（Pareto inferior outcomes）。

3. 帕雷托改善的判斷準則

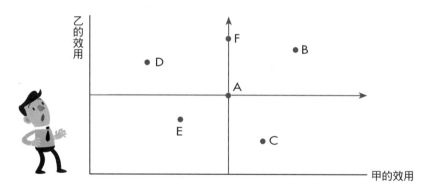

由上圖，假設甲乙二人的效用分配為 A 點，此時甲的效用為 $\overline{OA}$，乙的效用為 $\overline{OB}$，若甲乙二人的財貨享用改變，上圖顯示，B 點時，二人效用均增加，與 C 點相較，C 點情況下，甲的效用增加，但是乙的效用卻下降，所以 C 點不符合帕雷托改善準則。

同理可知 F 點情況下，甲的效用不變，但是乙的效用增加了，所以 F 點符合帕雷托改善。其他 D 點、E 點，均不符合帕雷托改善，因為 D 點時，雖乙的效用增加，但甲的效用減少了。E 點時，甲乙二人的效用水準均減少了。

市場機制

在市場經濟社會中，大部分財貨的生產與分配係在民間部門完成；這些生產與分配主要透過自由市場機制完成。如果自由市場經濟機制能夠讓資源配置符合帕雷托（Pareto）效率，則這個經濟體系就不需要政府介入。

市場失靈的主要表現，概括為以下幾個方面：

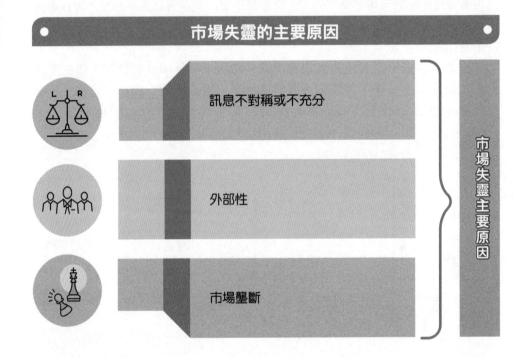

市場失靈的主要原因

- 訊息不對稱或不充分
- 外部性
- 市場壟斷

市場失靈主要原因

1. 訊息不對稱或不充分

在訊息不對稱情況下，投機的衝動或有限理性，使得訊息壟斷者不會按競爭規則行事，市場參與者也不可能做出符合實際的最優決策，因此資源不能被有效利用，為了保證競爭規則不被違反，政府只能根據事後的判斷，利用法律措施（例如：稅法）對違反規則者施以懲罰。

2. 外部性

經濟學家阿瑟・庇古（Pigou）認為外部性是由於個別經濟個體在生產（消費）過程中經意或不經意所產生的成本（效益），且這些成本（效益）由他人或整體社會負擔（享有），就外部性接受者（receptor）而言，未有相對的報償（補償）。事實上，只要有人類的社會，基本上就會有外部性問題。

外部性有「正外部性」與「負外部性」之分，產生負外部性的經濟活動給他人帶來消極的影響，但並不需要付出代價，例如：化工廠排放的汙染物給附近居民生活帶來負面的影響，但這些居民卻不能得到任何補償。在財政上，解決的方法包括使用稅收與補貼計畫，國家對造成外部負效應的企業課稅，徵稅的數額應該要等於該企業所造成的損害。激進政治經濟學認為私人或通常不考慮對環境的破壞，因為使用環境的時候，通常會出現「財產權」不明確或是較少付費的情形。因此「外部性」是一國社會經濟中普遍存在的現象。

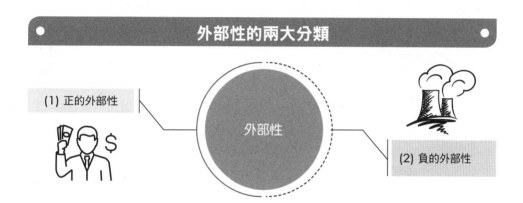

外部性的兩大分類

(1) 正的外部性

外部性

(2) 負的外部性

3. 市場壟斷

現實市場中如果存在壟斷者，由於壟斷行業存在壟斷利潤，缺乏降低成本的競爭壓力，壟斷者可能不會那麼主動積極地推動技術進步，壟斷者本身追求超額的尋租活動等因素，導致資源浪費。對於不完全競爭造成的市場失靈，當然政府可以根據不同原因採取相應的對策，例如：對壟斷企業實行反托拉斯政策，或是管制與定價等措施，來促進市場公平競爭。歸納市場失靈的原因如下：

市場失靈的原因分析

1. 訊息不對稱	例如：二手車市場、黑市交易或醫療保險市場，由於買賣雙方資訊不對稱，導致的市場失靈。
2. 外部性	甲方因為經濟活動給他人帶來消極的影響，但甲方不願意為此而付出代價。
3. 市場壟斷	市場供需價格機能無法充分發揮，導致市場失靈，例如：獨占廠商任意抬高商品價格。

外部性是集體性消費，重點如下：

1. 事實上外部性影響所及關係到社會全體的福利，外部性接受者並不限定單一經濟個體，一般來說，受害的不止一人，外部性通常具有集體消費性。

2. 外部性接受者的經濟福利或生產成本所受的影響，並非來自該經濟個體本身消費或生產行為，因此，外部性具有消極消費性，例如：空氣汙染、噪音干擾等。

- 所謂的集體性消費，是指同一項財貨在同一個時間，可以同時滿足許多人一起消費使用，例如：慶典施放高空煙火。集體性消費，不一定是正的外部性，也有可能是負的外部性，例如：工廠排放廢氣或廢水，造成社區居民受害。

- 一般來說，不論是慶典施放高空煙火，路人不想看都不行，還是工廠排放廢氣或廢水，造成社區居民受害，都不是受益者或是受害者主動的消費行為，因此，外部性具有「被動」的消費特性，尤其是空氣汙染。

　　檸檬市場是指在市場中，交易雙方存在訊息不對稱，例如：二手車市場，賣家比買方更清楚車的狀況，如果是泡水的二手車，賣方大多不會告訴買方。在納稅人與稅捐機關也存在訊息不對稱，所以逃稅人必須冒著被政府查到逃稅，會被課稅並處罰的風險。

2-3 排汙交易與反對觀點

　　所謂排汙交易是指市場允許買賣「汙染權」，製造汙染的一方，可以把「汙染的權利」出售給受汙染的一方（買方）。

1. 反對者認為汙染排放權交易，就如同允許廠商或消費者購買排放汙染物的許可權，繼續排放汙染了環境，喪失道德的正當性。

2. 為有效解決道德正當性問題，可以採取以下方式：
   (1) 政府設定的總排放數量應大於 0。
   (2) 政府應給定一定期間內汙染總排放量，並隨時檢查汙染排放廠商是否違反規定超標排放。

3. 在某些情況下，外部性類似商品，雖然可透過市場價格機能解決。但是「汙染」不是正常財，工廠排放汙染，當地居民接受工廠的現金補償，忍受空氣汙染的繼續傷害，對環境保護有害，而且社會道德觀感也不好。

減少汙染排放的財政工具

01 經濟性的政策工具

1. 課徵汙染稅。
2. 排放權交易制度。
3. 補貼。
4. 違規性罰鍰。

02 管制性的政策工具

1. 直接禁止。
2. 排放總量管制。
3. 排放標準訂定。

2-4 公經濟與私經濟的差別

1. 公經濟與私經濟的主要區分：

項目	公經濟	私經濟
目的	非營利—追求社會福利最大	營利性—追求私人利潤最大
特徵	強制性	非強制性
受益性質	共同報償	個別報償
收支處理	以支定收為主	以收定支為主
存續性	永續性	非永續性
績效衡量	難以貨幣化	容易貨幣化
制約程度	須受政府預算制約	不受政府預算制約

2. 公經濟的主要特性：

不以營利為目的	以提高全民福利為目的。
共同報償	公經濟是大水庫理論，根據個人所得財富繳稅，所得愈高者應繳愈多的稅。納稅人所繳的稅，和享受政府所提供的服務，沒有等價關係。
強制性	依法納稅是一國人民應盡的義務，不因人而異。
固定性	國家財政收支均須依照法令與預算的程序與規定執行。
永續性	正常情況下，國家是永續存在，不因任何政黨或個人而終止。
以支定收	由於公經濟攸關人民使用的安全與保障，與私經濟強調價格愈便宜愈好的思維不同，必須提供品質最好的公共財，因此多採取「以支定收」預算模式，例如：高鐵、捷運，機場等公共財便是很好的例子。
國家擁有課稅權及印鈔權	由於國家擁有課稅權及印鈔權，加上政府支出有不少是法定支出，因此政府預算編制不同於企業及個人的「以入定支」，係採「以出定收」原則。

2-5 公共財的特性

古典經濟理論重視利用市場經濟從事資源配置，並認為唯有財貨屬性特殊導致市場失靈時，公部門才有介入必要。因財貨屬性特殊而產生市場失靈的原因有：

1. 非敵對性（non-rivalry）

是指在產品消費中，很難將其他消費者排除在該產品消費利益之外，也稱為集體消費性，依 P. Sameulson 定義，集體消費性係指商品與服務「可同時為全部經濟個體所共享，且任何一個經濟個體對該財貨的消費，不至於減少其他經濟個體同時消費的機會」，亦即一般所稱的非敵對性（non-rivalry）。

2. 消極消費性

依 G. Cassel 的定義，公共財係指「個人不需有意願表達，甚至是知曉，均可享受該財貨與服務的利益。」此種特性也稱為「不可拒絕性」（non-rejectability）。

3. 非排他性（non-excludability）

具有上述兩種特性的商品或服務仍不足以構成「集體財必須由政府提供」的理由。集體財造成的市場失靈還需該集體財具備「非排他性」（non-excludability）：「某種財貨與服務不會因消費者未支付代價而遭排除不能享用。」也就是說，具有非排他性的集體財才能稱之為公共財（public goods）。

(1) 非排他性是指在自己獲得利益的同時，並不妨礙他人從該產品中獲得利益，消費者之間不存在利益上的衝突。

(2) 也就是說，消費者的增加並不引起生產成本的增加，即多一個消費者引起的社會邊際成本為零，例如：台灣最南端鵝鑾鼻燈塔、慶典高空施放煙火。

大神突破盲點

所謂的邊際成本是指每增加一單位財貨生產，帶來總生產成本的增加金額。如果市場不存在外部不經濟，則社會邊際成本等於私人邊際成本；如果存在外部不經濟，例如：空氣汙染、環境汙染，則此時的社會邊際成本大於零。

公共財 ▶ 集體性公共財

1. 非敵對性

係指在產品消費中，很難將其他消費者排除在該產品消費利益之外。

2. 消極消費性

係指個人不需有意願表達，甚至是知曉，均可享受該財貨與服務的利益。

3. 非排他性

是指在自己獲得利益的同時，並不妨礙他人從該產品中獲得利益。

大神突破盲點

國際公共財（international public goods）與傳統公共財有何不同？

傳統公共財是指一個國家或地區而言，如果公共財的議題已經擴及到國與國之間，衍生出國際問題，此現象便是國際公共財，例如：2020年出現的新型冠狀病毒等傳染性疾病的防治、全球暖化、氣候變遷、全球和平等等。

2-6 私有財與公共財的分類與特性

　　根據公共財的定義，傳統意義上的公共財具有非排他性與非競爭性，不過，現實社會中仍有許多產品是介於公共財與私有財之間，這些財貨稱之為「準公共財」，根據這樣的識別，大致可以區分為以下四種不同類型商品。

財貨的類別	
純私有財	同時具有排他性與競爭性。例如：私人轎車、私有房屋。
純公共財	同時具有非排他性與非競爭性。例如：國防、防洪堤、大安森林公園。
第一類準公共財	同時具有非排他性與競爭性。例如：天然漁池、森林、草原等公共資源，這類財貨的共同特點是具有較強的非排他性，同時，在消費上具有一定的競爭性。
第二類準公共財	同時具有排他性與非競爭性。例如：收費的博物館、兒童樂園、動物園等公共資源，這類財貨的共同特點是具有較強的排他性。 同時，這類產品有一個飽和界限，當產品還沒有達到飽和狀態前，產品的消費上具有一定的競爭性。也就是增加一個消費者並不會減少其他消費者從該產品中獲得的利益，不會因此而增加產品成本。 但是，當產品趨於飽和狀態，再增加消費者就會影響其他消費者對該產品的消費；可以說，這類產品的非競爭性是局限在一定範圍之內的。

私有財與公共財的區分

	排他性	非排他性
競爭性	純私有財	第一類準公共財
非競爭性	第二類準公共財	純公共財

私有財和公共財需求曲線的差異

公共財	私有財
公共品的需求曲線是虛擬的	私人對私經濟的需求曲線是真實存在的
市場無法直接提供公共品的實際需求資訊	市場可以直接提供公共品的實際需求資訊
個人的公共品的邊際效用也是遞減的	私有財的邊際效用也是遞減的
公共財的市場需求曲線是個人需求曲線的縱向相加	私有財的市場需求曲線是個人需求曲線的橫向相加
共同消費性	私人消費

私有財與公共財的需求曲線

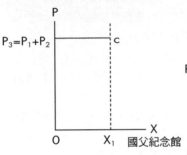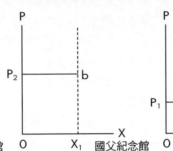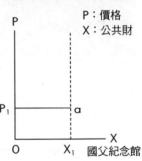

P：價格
X：公共財

公共財需求曲線

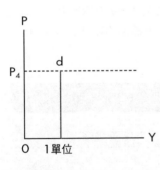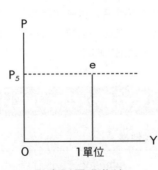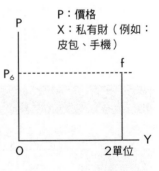

P：價格
X：私有財（例如：皮包、手機）

私有財需求曲線

可見公共財的需求曲線是「價格加總」，而私有財的需求曲線是「數量加總」，兩者明顯不同。

2-7 公共財的提供與定價原則

　　由於公共財具有非排他性與非競爭性，它的需求或消費是公共的或是集合的，如果由市場提供，每個消費者都不願意自掏腰包花錢購買，而是等著他人去購買，自己可以搭便車享用它所帶來的利益。這在經濟學稱之為「免費搭車」現象，從一定意義來說，免費搭車的存在，需要由政府來提供公共產品。

公共財的定價原則

　　公共產品的提供目的不同，供應種類繁多，運營和管理等方面的要求差異較大，因此，對不同的公共產品，應實行不同的定價原則。

1. 零價格原則	零價格原則適用於那些由政府免費提供的典型的公共產品，如國防、流感衛生疫苗等，提供這些公共產品是政府義不容辭的責任，只能實行零價格，免費使用。
2. 損益平衡原則	按照市場經濟原則，任何行為主體對某項產品的提供都要求保本，而且在可能的條件下，有適當的盈利。然而，對政府提供的公共產品來講，追求利潤目標是不恰當的。因為定價高出成本，等同於對受益人徵稅。當然，定價過低，一方面政府必須實施較大的財政補貼，加重財政負擔。 另一方面必然影響公共產品提供的數量和質量。補償成本意味著公共產品應按損益平衡的原則定價，即按平均成本定價。因為平均成本能夠保證商品提供者恰好收回全部成本，既不虧損也無盈利。
3. 受益原則	對市內公車、地鐵、自來水、民用煤氣、民用電等公共產品按受益原則定價是比較合理的。 按照受益原則，只有當某項公共產品收費的標準不超過受益量時，該項產品的定價才是合理的。偏離受益原則的公共產品定價，相當於對消費者的額外徵稅。

公共財的三大定價原則示意圖

公共財的定價原則

零價格原則

受益原則

損益平衡原則

大神突破盲點

庇古的公共財定價原則

　　庇古（Pigou）指出政府的公共財財源，主要是來自該國人民繳納租稅，有趣的是人們享用公共財的邊際效用，隨著公共財的增加而遞減，不過人們享用公共財所支付繳納的租稅，帶給納稅人的邊際負效用，卻是遞增函數，他們認為公共財 (G) 的最適提供數量應該是決定於公共財的邊際效用 (MU_G) 等於人們因為享用公共財所繳納租稅，產生的邊際租稅效用 (MU_T)，此時的邊際租稅為負效用。

$$NU(G) = U(G) - U(T(G))$$
$$Max\ NU(G)$$

　　極大化人們享用公共財效用 U(G)，減去支付租稅 (T) 帶來的負效用 U(T(G))

可得
$$\frac{dNU(G)}{dG} = \frac{dU(G)}{dG} - \frac{dU(T)}{dT} \cdot \frac{dT}{dG} = 0$$
$$\Rightarrow MU_G - MU_T = 0$$

也就是
$$MU_G = MU_T$$

2-8 納稅人繳稅與公共財享用關係

政府主要是透過無償課稅來提供公共財，課稅是可以精確計量的，例如：按照既定的稅率課徵或定額徵收。

公共產品的享用一般是不可分割、無法量化，也就是說，每個人所繳的納稅額與他獲得公共物品的享用是不對稱的，不是多納稅就可以多享用，少納稅就只能少享用，不納稅就不能享用，這就是財政學所謂的「共同報償原則」。

我財政想問

Q 何謂俱樂部財（**club goods**）？

A 所謂俱樂部財是由布坎南（J. M. Buchanan）提出，他認為有些公共財的享用在同一時間，如果參與享用的人數過度，會造成擁擠現象（crowding out），使得原先享用者的邊際效用下降。

例如：台北市公立游泳池因為收費較私立便宜，在夏天經常看到太多人到游泳池戲水，最後變成「下餃子」畫面。

財政私房菜

E. Berglas 指出財貨會因為使用人數的增加與每人使用次數的增加而產生擁擠成本，而布坎南（Buchanan）的俱樂部均衡是 E. Berglas 均衡中的特別，當擁擠成本等於所分攤的會員費與會員所受之俱樂部財利益時，即為俱樂部財的最適人數與最適規模。

2-9 公地悲劇

重點懶人包

　　共有財消費通常是基於先到先用（first come, first serve）的基礎，而且此類消費通常無須付費。

　　公地悲劇是指公共財由於免費享用與低度或非排他性而被過度使用，造成資源不久便消耗殆盡的問題。

公地悲劇示意圖

公地悲劇是由於公共財免費享用，造成資源不久便被消耗殆盡，例如：捷運公共廁所的衛生紙。

　　「公地悲劇」（tragedy of the commons）是加勒特・哈丁（Garrett Hardin）在 1968 年提出來的，他假設在一大片公共草地上，有一群牧羊人，每一個牧羊人都想要多獲利一些，所以某個牧羊人就帶了大量的羊來放牧，雖然他知道過度放牧，草地可能會承受不住，但他依然做了，而後所有的牧羊人都跟進，所以草地牧草耗竭，悲劇因而發生了。「公地悲劇」產生的原因，就在於產權主體虛位和責任主體虛位。產權主體虛位，就會出現「有人上樹摘果，無人澆水施肥」的局面。

　　哈丁曾經針對草原悲劇問題提出管理解決方式，如：私有化或是使用者付費、管制與規範等。哈丁認為應該將公有地加以分類與規範。他反對以良心作為管理公地的規範，因為道德冒險是多數人的天性緣故，他認為以良心作為規範，反而有利於自私的個體侵害他人權益。

財政私房菜

以財產權模式解決外部性問題

　　財產權的主要功能在於將外部性內化，所謂外部性是指一個經濟成員的活動會影響到其他成員的活動，而此一影響為單向片面且無法透過市場機制解決，外部性來源可視為財產權缺乏明確界定的結果。

我財政要想

- 國中生小明的住家樓下對面剛搬來一家晚上營業到凌晨的開放式燒烤夜店，每天晚上開始大聲喧譁唱歌，結果這次期末考，小明數學竟然只考 20 分，各位想一想，這是不是一種外部性呢？
- 老陳認為一個人接受了教育以後，會變得更知書達禮，社會更祥和，這就是教育帶來的外部性利益，你覺得有沒有道理呢？
- 阿正認為自己接受流感疫苗的注射，除了避免被他人感染，也可以避免傳染給他人，你同意阿正的看法嗎？這是正的外部性喔！

寇斯定理示意圖

寇斯定理案例，要解決畜牧者甲放任牛群到隔鄰的農地吃草，寇斯認為透過「財產權」的界定，可以避免發生「農地草原被吃光草的悲劇」。

　　當生產者在生產過程中，對他人造成了有利或者是不利的影響，卻沒有為不利的影響負擔起相對的代價與責任，也沒有為造成他人有利的影響要求相對的報償，稱之為外部性。廠商的汙染例子為外部性中的負外部性，或稱為外部成本，一般認為對生產者造成的外部性有幾種處理方式，包括直接對汙染實施管制，或是對廠商懲罰、課稅，此方式可使外部成本內化，生產者承擔其造成的外部成本，達成矯正外部性的作用。

　　然而 1991 年的諾貝爾經濟學獎得主寇斯（Ronald Coase）卻有不同的見解，他認為政府不需插手，也可解決外部性的問題。寇斯在 1960 年提出以明確定義財產權的方式來解決外部性的問題，例如：水汙染事件，如果居民擁有水的財產權，則廠商必須付費給居民才能排放廢水；相對地，如果擁有水的財產權是廠商，那麼居民必須付費給廠商，請廠商減少排放廢水，是故，寇斯認為只要財產權的歸屬是明確的，不論財產權的歸屬在哪一方，透過市場自由交易協商行為，外部性的問題就能獲得解決，達到經濟上的效率。

寇斯定理的案例

問題 如果畜牧者甲放任牛群去隔鄰的農地吃草。

結果 畜牧者甲必須向農地農夫乙賠償。

Case 1 如果牛群吃作物所得的增值在邊際上高於向農夫賠償作物的損失。

結果 畜牧者甲會讓牛群繼續去隔鄰的農地吃草而不加管束。

Case 2 如果牛群吃作物所得的增值在邊際上小於向農夫賠償作物的損失。

結果 畜牧者甲會自覺地對牛群加以管束。

　　寇斯認為透過「財產權」的明確界定，會帶來資源的最適配置。可以避免發生「草原的悲劇」。

大神突破盲點

　　諾貝爾經濟學獎第一位女性得主 Ostrom 認為，只要團體成員彼此有信賴與默契，共有財的使用者就會自己扮演好自我管理、自我監督的角色，這樣就可以避免發生公共財因為沒有界定規則與財產權，而在短時間內消費殆盡。

　　Ostrom 認為以非政府力量管理公共財，其影響力的優勢和政府相當，甚至超過政府，她曾經針對南加州使用地下水案例進行研究，發現居民自我管理的力量，如果經過適當設計，可以高於政府，因為政府官僚體系的本質，容易產生「X 無效率」（X-inefficiency）。

2-11 免費搭車者

　　免費搭車者（free rider）是指在公共事業中不出力，而且還從中獲利的人。例如：故意逃漏稅的公民卻仍然享受國防安全與警察社會秩序的保護。

　　1954 年，保羅・森穆遜（P. A. Samuelson）提出，燈塔具有非競爭性，多服務一艘船，所帶來的邊際成本等於零。為了讓社會利益極大化，燈塔不應收費，因此應由政府提供。

1. 案例

　　假定某一小村莊有 5 戶人家，每家願意為每增設 1 支路燈支付 3,000 元，而增設路燈的邊際成本函數為 MC（X）= 1,000 + 1,000X，則符合帕雷托效率的路燈數為多少？

解析：利用垂直加總可得：

　　　$5 \times 3{,}000 = 1{,}000 + 1{,}000X \rightarrow 14{,}000 = 1{,}000X \rightarrow X = 14$

　　　則符合帕雷托效率的路燈數為 14 支。

免費搭車者示意圖

免費搭車者，是指在公共事務中不出力，卻能從中獲利的人，例如：沒有繳稅的人或逃稅的人仍享受國防、警察的國家保護，還有那些沒繳稅卻享用燈塔指引而得以在黑夜大海上返航的漁船漁民。

2. 實例

　　假定兩個社區民眾共用一個公園，其需求函數皆是 $p = 6 - q$，而公園的供給函數為 $p = 2q$，其中 q 是公園面積。

則最適的公園面積是多少？

解析：公園的社會需求函數為 $2p = 2 \times (6 - q) = 12 - 2q$，配合供給函數可得最適的公園面積決定於 $12 - 2q^* = 2q^* \rightarrow q^* = 3$

　　　最適的公園面積為 3。

提示：因為公園是公共財，所以供給量不因為需求而改變。

1. 由於公共財是所有使用者的價格加總，兩個社區居民，每一個社區的需求函數是 $p = 6 - q$，所以兩個社區的總和等於全體成員對公園的社會總需求，即 $2p = 2(6 - q)$。

2. 由於公園是公共財，其供給函數是 $p = 2q$。

3. 當供給等於需求時，需求總和為 $12 - 2q$，供給為 $2q$，當供給等於需求時達成均衡，

$12 - 2q^* = 2q^*$

$q^* = 3$

可知兩個社區居民共用一個公園時，公園的最適面積是 3。

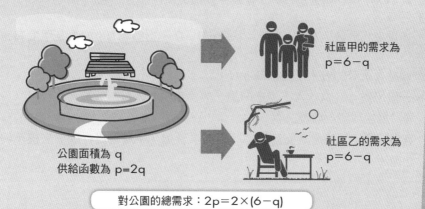

公園面積為 q
供給函數為 p=2q

社區甲的需求為
p=6−q

社區乙的需求為
p=6−q

對公園的總需求：2p＝2×(6−q)

財政職能可以看做是市場失靈的邏輯延伸，凡是市場機制能夠發揮作用的領域，財政應該盡量少介入，與市場失靈的主要表現相對應，財政職能可以歸結為三個方面。

 重點懶人包

1. 市場資源配置職能失靈

   是指社會資源有限，但是沒有政府介入之前，由於供需失衡，導致配置失靈，比方，台灣早年流行買蛋塔，大家一窩蜂開蛋塔店，結果不久後造成退流行，消費人數大減，市場需求減少，店家倒了大半數，這就是市場資源配置失靈的案例。

2. 收入分配失靈

   戴爾指數（Theil index）

   假設一個人口為 N 的群體，其收入分別為 $X_i = i (= 1, ..., N)$

   $$T_T = T_{\alpha=1} = \frac{1}{N} \sum_{i=1}^{N} \frac{x_i}{\mu} \ln\left(\frac{x_i}{\mu}\right)$$

   其中 X_i 為第 i 個人的收入，μ 為平均收入，N 為人口數

   如果每人的收入相同，$\ln\left(\frac{x_i}{\mu}\right) = \ln(1) = 0$，指數為 0，如果某甲擁有整體社會所有的收入，指數為 $\ln N$。

   一般來說，社會收入不均愈嚴重，表示市場收入分配失靈。

3. 經濟穩定與發展職能失靈

   是指一國出現高度通貨膨脹或高度經濟衰退，不能夠自行調節恢復市場均衡。

1. 彌補市場資源配置失靈問題

(1) 財政的資源配置職能是由政府介入或干預所產生的，它的特點和作用是政府通過本身的收支活動彌補市場失靈，提供公共產品，最終實現社會資源配置的帕雷托最優效率狀態。

(2) 財政收入主要來自課稅，財政收入占 GDP 比例太高，會加重企業與個人的租稅負擔，比例太低，政府取得的財政收入不足，會出現大量的財政赤字，影響社會福利水準的滿足與提升。

2. 改善收入分配失靈

(1) 財政收入分配職能的主要內容在於透過稅收進行調節，如透過徵收個人所得稅縮小個人之間收入的差距，當前各國一般採用羅倫茲曲線計算吉尼係數來顯示一國社會每個人所得公平分配的程度，根據國際慣例，吉尼係數介於 0.3 到 0.4 之間，通常被認為是合理的區間。政府也可以透過公司所得稅來調節企業的利潤水平。

(2) 提高轉移性支出，包括透過社會保障支出、救濟支出、對低收入者的補貼等，以維持居民起碼的生活水準。

(3) 完善社會福利制度，國家興建公共福利設施，提供社會服務，以提高廣大社會民眾的生活品質。

3. 解決經濟穩定與發展職能失靈問題

(1) 財政政策是維繫市場總供求大致平衡的重要手段，當市場總需求超過總供給時，可以實施緊縮財政政策，包括減少支出或增加課稅。反之，當市場總需求小於總供給時，可以實施寬鬆財政政策，增加支出或減少徵稅。在這個過程中，財政收支發生不平衡是可能的，而且是可以被接受的。

(2) 在租稅公平的實踐過程中，可以透過累進稅制度，發揮一定程度的自動穩定作用，例如：個人所得稅，即是透過累進稅制，所得愈高者，需要繳納愈高的稅額。

(3) 在經濟穩定與發展的實踐過程中，可通過稅收與補貼等多方面安排，加速產業結構的轉換、調整或升級，保證國民經濟的穩定成長。

2-13 政府失靈

1. 如果政府財政經濟決策也失靈的話，該怎麼辦？政府失靈（government failure）是由美國經濟學家羅蘭 · 麥肯恩（Roland Mckean）提出，是一種由政府干預而引發的一系列非效率性資源分配的公共狀態，在許多情況下，政府失靈往往與市場失靈相互發生作用。政府失靈的理念在於：即使特定的市場無法滿足完全競爭的標準，而政府的干預可能會使經濟環境變得更加惡劣。

2. 政府失靈的情況複雜，通常會因政治體制和政府結構而有不同程度的異同。例如：執政黨政府為了討好某些特定對象或為了達成目的，可能會調整優先性的順序，把遺產稅率降低，以討好多數選民，選擇接受多數人暴政（tyranny of the majority）。

學校沒教的財政潛規則

- 雖然民主政治是多數決，但是存在「選票互助」，如果運作不當，容易造成「多數暴力」，像是部分國家的執政黨利用人數優勢強行通過「錢坑」法案，浪費納稅人的血汗錢。
- 我們常看見，每當社會出現地震天災或重大交通事故，民間團體常常是第一時間趕到救災現場，政府的官僚體系和層層上報，導致救災不能及時，形成「被動式政府失靈」（passive government failure）。

2-14 所得分配指標

1. 羅倫茲曲線（Lorenz curve）

(1) 是以縱軸表示一國社會的所得累積百分比，以橫軸表示一國社會總戶數累積百分比，假使一國社會所得分配完全均勻，則「戶數百分比」與「所得百分比」的關係完全落在 45° 對角線上。

(2) 在經濟學，羅倫茲曲線經常被用來描述收入的分配情況，即以 x% 代表一部分（收入相似）家庭占整個社會家庭的比例，以 y% 代表該部分家庭的收入占整個社會收入的比例。該曲線也可用來描述社會資本的分配情況與衡量社會所得分配（主要指社會收入）是否公平。

2. 吉尼係數（Gini coefficient）

(1) 吉尼係數是指國際上公認，用以衡量一個國家或地區居民收入差距的常用指標。

(2) 吉尼係數最大為「1」，最小等於「0」。吉尼係數愈接近 0，表明收入分配愈是趨向平等，一般在 0.2 以下視為收入絕對平均，0.2 ～ 0.3 視為收入比較平均，0.3 ～ 0.4 視為收入相對合理。

(3) 當吉尼係數達到 0.5 以上時，表示一國社會的收入懸殊，出現 M 型化社會。

3. 恩格爾定律

　　恩格爾係數（Engel's coefficient）是食品支出總額占個人消費支出總額的比重。恩格爾根據統計資料，根據消費結構的變化得出一個規律：一個家庭收入愈少，家庭收入中（或總支出中）用來購買食物的支出所占的比例就愈大，隨著家庭收入的增加，家庭收入中（或總支出中）用來購買食物的支出比例則會下降，這便是有名的恩格爾定律。

小時事大知識

　　2018 年，哥倫比亞這個國家的吉尼係數高達 50.4，印尼的吉尼係數為 39，2017 年紐西蘭的吉尼係數為 28.5，泰國 2018 年的吉尼係數為 36.4，令人驚訝的是美國分析數據顯示 2016 年的吉尼係數竟然不低，為 41.4，顯示美國社會貧富懸殊現象存在。

Chapter 2

市場失靈與財政職能

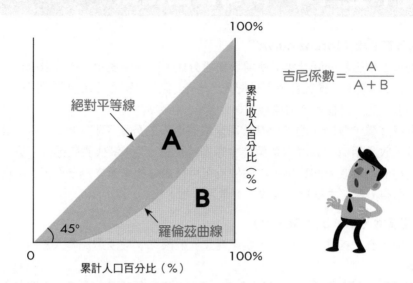

吉尼係數 = $\dfrac{A}{A+B}$

絕對平等線

A

B

累計收入百分比（%）

45°

羅倫茲曲線

0

累計人口百分比（%）

100%

100%

100%

01 羅倫茲曲線

描述社會資本的分配情況。

02 吉尼係數

衡量居民的收入差距。

03 恩格爾定律

家庭收入愈少，食物支出占比愈大。

$$\dfrac{食物支出總額}{個人消費支出總額}$$

2-15　國際公共財

　　有關國際公共財，Todd Sandler 根據國際公共財是否滿足兩個基本特性，將其分為純國際公共財和準國際公共財兩類。但實際生活中的純國際公共財很少，因為它必須完全符合非排他性和非競爭性的國際公共財，其受益者包括所有的國家、群體和世代，如地球臭氧層保護、世界各國共同實施節能減碳等。

　　實際生活中常見的大都是準國際公共財，它們不完全滿足非排他和非競爭的性質，但具有廣泛性的趨勢，例如：保護公海漁場，即擁有可排他且具部分競爭性與收益性的國際公共財，是準國際公共財中的重要一類。

保護公海漁場

 小時事大知識

　　2020 年初爆發新型冠狀流行病毒，造成全球許多國家受到疫情的衝擊，也給全球多數地區帶來人民的不幸傷亡，如果有某一個國家率先研發疫苗並獲得成功，將可以變成「國際公共財」，維護世界國家人民健康，對抗世紀新病毒。

殊價財（merit goods）是指具有外溢性的公共財，例如：政府協助低收入者脫貧脫窮。

1. 馬斯葛雷夫（R. A. Musgrave）曾舉例說，有時候，人民寧願購買第二輛汽車和第三台冰箱，也不願意讓其孩子接受足夠的教育。相對有益品而言，有害品是指那些政府為了降低消費而徵稅或禁止的物品，例如：菸、酒和毒品。

2. 由於個體主觀評價受到其他因素影響，可能造成對該產品的消費不足，許多國家一般會採取低價提供或免費提供的政策，以促進消費；甚至採取強制消費措施，比如國民義務教育、施打流感疫苗、全民健保等，不管人們願不願意，都必須接受或強制消費。

大神突破盲點

　　2019 年杜芙洛（Esther Duflo）等三位諾貝爾經濟學獎共同得主發現，窮人會把有限的錢用來購買零食、菸酒、飲料、垃圾食品這些既貴又沒營養，但口味很好的食物上；有些地區人民，就算很窮，也堅持要先買手機、電視、遊戲機等娛樂用品。為什麼呢？因為窮人跟中產階級和富人一樣，也有人對物質的慾望。也正因為窮人的生活太絕望了，更需要垃圾食物和短暫的娛樂商品來放鬆自己。因此，筆者認為，在這種情況下，政府補貼窮人現金反而害了他們，所以幫助窮人，最好的方式不是給予現金，而是給予維持基本生活所需的白米和麵包。

大神突破盲點

　　劣等財（inferior goods）是指消費者對某一商品的需求量，隨著本身所得增加而減少，稱之為劣等財，例如：窮的時候吃蕃薯，富有之後改吃麵、白飯作為主食，簡單來說：隨著所得提高，對某一財貨的需求量不增反而減少，則該財貨稱為劣等財。

Chapter 3

財政收入概述

財政私房菜

　　2018年1月起，中國大陸參考開徵環保稅，取代原本的排汙費，觀察環保稅納稅人申報入庫金額與前一年同期排汙費相比，呈現增長趨勢，中國大陸開徵環保稅納稅人按時申報率達到99.9%。由於台灣並沒有立法訂定環保稅或碳稅，對於排放汙染的廠商只能開罰，加上中央或地方民意機關的關說，變成地方政府環保單位的人情包袱，歷年來透過對汙染商家開罰以改善環境汙染的效果有限，台灣可以參考歐美等先進國家，開徵環保稅，除可有效降低個人或企業超標的碳排放量，亦可符合巴黎協議，並且將環保稅規劃為地方稅或是中央與地方分成稅，以有效改善地方財政。

　　財政收入是政府為了滿足財政支出需要，依據一定的權力或法律，透過國家財政集中一定數量的資金貨幣，如稅收或是國債，還包括國有企業上繳的利潤或其他非課稅收入，財政收入，對於一國國民經濟運行和社會發展具有重大影響。

政府也巧婦難為無米之炊

3-2 財政收入的形式

　　財政收入形式，是指政府透過某些方式或管道來取得財政收入。如在自然經濟條件下，政府透過徵收實物或勞務而取得財政收入，中國古代社會的粟米之徵、布帛之徵，都是財政收入的具體形式，隨著時代的演進，目前絕大多數國家已經不採用對人民徵收粟米或是布帛方式來課稅，現今大多數國家財政收入的形式主要包括：稅收、公債、國有資產收益、其他收入等四種形式。

財政收入的四種形式

1. 稅收

(1) 稅收是政府為了履行其職能，憑藉政治權力，按照法律預先規定的標準，強制地、無償地獲得財政收入的一種形式。在現代市場經濟條件下，稅收是政府調節經濟和進行市場宏觀調控的重要財政工具。

(2) 稅收無論是在哪一種社會型態下，都是國家籌集財政收入的重要來源，是一國政府的重要經濟支柱。一國在設計稅收體系時，包括：納稅人、徵稅對象、稅率高低與稅制結構，通常要考慮以下幾項原則：

受益原則	此一觀點認為每一個經濟主體所應繳納的稅應該與其從政府提供的產品或服務中所獲的收益，存在一定程度的關聯。
量能原則	是指人們對於財政收入的分擔要與人們的支付能力相聯繫，收入高的多分擔稅，收入低的少分擔稅，也就是說，納稅人民的稅收分擔，不再和單個納稅個體從政府活動那裡得到的收益有關聯。
效率原則	一國的稅收體系有無效率，可以用稅收淨收益來衡量，指的是以盡可能少的稅收徵收成本，取得最大的課稅收入。

2. 公債

(1) 公債是政府在資金持有者自願的基礎上，按照信用原則，有償地獲取公共收入的一種手段。相較於由法律預先規定的稅收而言，政府可以根據公共收支的狀況，更加靈活地確定是否需要發行公債來調節經濟、平衡收支。公債當中的債務人身分與公司債不同，較為特殊，一般是國家或政府，包括中央政府與各級地方政府。

(2) 公債體現了債權人（公債認購者）與債務人（政府）之間的債權債務關係，公債在發行期間是由認購者提供閒置資金，在償付階段是由政府主要以課稅收入償還本息。

(3) 當今世界各國，公債的作用不僅僅局限於平衡預算，彌補財政赤字，它還是政府調節市場、促進經濟穩定的重要工具。

(4) 比如當市場處於經濟蕭條時期，此時國家可以用高於市場利率的水準發行公債，再將資金用於政府的購買性支出或政府投資，給予市場經濟注入新的推動力，拉動社會總需求。

(5) 公債一般不列入財政收入的統計金額。

3. 國有資產收益

(1) 國有資產收益是憑藉其對國有資產，或國營事業的所有權所獲得的經營利潤、租金、股息等收入。利潤上繳的數額取決於現代企業制度、企業經營狀況、企業長遠發展規劃等。

(2) 一般來說，資本主義國家的國有企業經濟，占整個國民經濟的比重較小。

4. 其他收入

　　是指上述三種收入之外的一些雜項零星收入，主要有規費收入（例如：結婚證書費、身分證費、工商登記費）、各項專項收入、罰款（例如：工商、稅務、海關等）、捐贈收入等。

(1) 規費	是國家職能部門向消費者提供勞務時收取的工本費、手續費。國家提供的社會消費絕大部分是免費的,即居民在消費公共商品的時候不必支付費用。但有些社會商品透過一定的技術裝置之後,具有排他性,如此一來就可以採取使用者付費的形式。例如:政府職能部門對使用者收取執照費、過橋費等。
(2) 專項收入	包括一些國家對境內企業或居民徵收排汙費收入、徵收城市水資源費收入、教育費附加捐收入等。
(3) 其他收入	是指國家規定某些收入作為財政資金。例如:國際援贈收入、罰款收入等。

5. 目前各國財政收入的形式,主要包括以下幾種

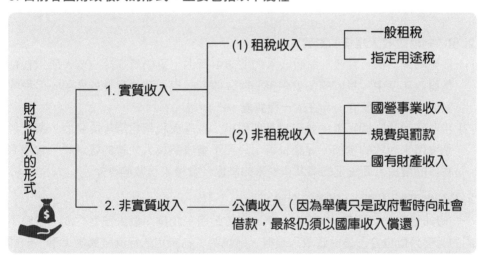

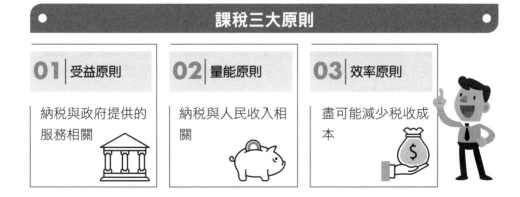

3-3　財政收入規模的影響因素

1. 經濟發展與生產技術對財政收入規模的影響

　　經濟發展程度較高的國家,其財政收入的絕對規模與相對規模,均大於經濟發展程度較低的國家。

　　技術進步對於財政收入規模的影響,主要有兩方面:

(1) 技術進步較快,社會產品與國民收入的增加相對較高,財政收入的增長,有較多與充分的財源。

(2) 技術進步帶來物耗比例下降,經濟效益提高,剩餘產品價格所占比例擴大,從而增加財政收入,所以,促進技術進步,提高經濟效益,是增加財政收入的重要途徑。

2. 稅收對財政收入規模的影響

(1) 按照國際慣例,稅收在財政收入的總額中所占比重仍然高於 90%,所以在每個財政年度中,稅收的多少對整個財政收入規模扮演決定性的作用,但稅收對個人與企業而言,或許是一種負擔。

(2) 稅收規模的影響因素主要有稅基與稅率,稅基與稅率相乘等於稅收,擴大稅基會帶來稅收的增加,提高稅率,只要不造成納稅人大量的逃漏稅,會帶來稅收的增加,而稅基的縮減和稅率的降低,會帶來稅收的減少。

3. 分配制度對財政收入規模的影響

　　假如給定一個固定的 GDP 水準,它在政府、企業、個人三者之間,按照不同的比例分配也會影響財政收入規模,這說明了在一定的經濟發展水準下,一國社會分配制度對財政收入規模,具有制約作用。

4. 通貨膨脹對財政收入規模的影響

(1) 通貨膨脹稅是指在通貨膨脹條件中的一種隱蔽性的稅收,在經濟出現通貨膨脹的時候,由於受到通貨膨脹的影響,人們的通貨膨脹名義貨幣收入增加,導致納稅人應納稅所得自動地劃入較高所得級距,形成了級距爬升,因而必須按較高適用稅率納稅。

(2) 此一種由通貨膨脹引起的隱蔽性的增稅,稱為「通貨膨脹稅」(inflation tax)。

(3) 通貨膨脹使一部分人名義上成為高收入者,但是更大比重的收入被以稅收的形式轉移到政府的手上。

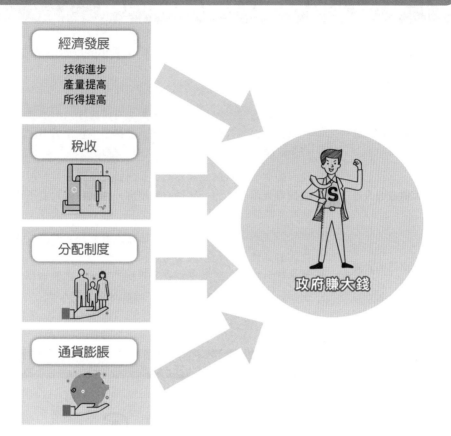

收入規模示意圖

經濟發展

技術進步
產量提高
所得提高

稅收

分配制度

通貨膨脹

政府賺大錢

5. 財政收入的產業構成

按照現代國家對於產業結構分類，分為第一產業、第二產業、第三產業。

第一產業	為人們提供基本需要的食品，相當於農業、牧業、漁業和林業。
第二產業	為人們提供其他進一步的物質需要，相當於工業和建築業。
第三產業	為人們提供物質需要以外更高層次的需求，相當於上述部門以外的其他部門。

在發達國家的三大產業部門中，第三產業占 GDP 的比重已達 60%，第三產業所提供的財政收入占全部財政收入的 50% 以上。

　　從理論上來看，財政收入有三個數量概念至為重要：最小的財政收入量，最大的財政收入量，最適財政收入量。

1. 最小財政收入量	是一國財政收入的最低界限，是維持國家政治經濟職能所必須的財力，假使財政收入低於這個量，國家將不能正常行使職能。
2. 最大財政收入量	是一國財政收入的最高界限，是一國企業與個人對財政負擔的最大承受能力，超過這個限度，企業和個人將不堪重負而倒閉或破產。
3. 最適財政收入量	最適財政收入量是介於最小財政收入量與最大財政收入量之間的最佳點，是社會財富在國家、企業、個人之間進行最合理分配後的財政收入量，實現了國家、企業、個人利益的協調，也兼顧了國家眼前利益和長遠利益。

財政收入也有最佳點

量入為出與量出為入，即以收定支與以支定收，是兩種不同的理財觀，也是一國財政與財務預算管理需要認真考慮的議題。在中國古代就有關於量入為出與量出為入思想的論述。西周末年，《禮記‧王制》提出，「用地小大，視年之豐耗。以三十年之通制國用，量入以為出」。是量入為出理財觀的最早記載。唐代宰相楊炎主張，「凡百役之費，一錢之斂，先度其數而賦於人，量出以制入。」首開量出為入思想的先河。到了清朝末年，黃遵憲提出，「權一歲入，量入為出；權一歲出，量出為入，多取非盈，寡取非絀，上下流通，無壅無積，是在籌國計。」這就把量入為出與量出為入結合起來。

　　在西方，也有關於量入為出與量出為入的不同觀點。弗利德曼提出的持久收入假說，把人們的收入分為一時性收入與持久性收入，支出分為一時性支出與持久性支出，認為持久性收入才是決定支出的關鍵因素。這是量入為出觀點的代表。凱因斯的經濟理論視支出政策為蕭條時期刺激經濟增長的權衡性貨幣政策手段，提出財政支出可以按照有效需求的要求，透過赤字來補充。其思想總體上是量出為入的。

　　無論量入為出還是量出為入，其著眼點都是「入」與「出」即「收」與「支」的關係，重在二者之間的協調。從公共財的非排他性與非競爭性的特殊公共商品屬性來看，例如：機場、捷運、高鐵、國家大型體育館等公共基礎設施，應該採取量出為入的觀念，品質考量優於價格考量，才能保障大眾的使用安全與舒適度。

Chapter **3**

財政收入概述

3-6 影響財政收入規模的不利因素

　　一般來説，稅收體制當中的稅率結構大都採取比例稅率或是累進稅率，所以以稅收為主要財政收入來源的國家，其財政收入相對規模，按理應該隨著 GDP 的增長而逐漸上升。然而，財政收入規模未隨著 GDP 的增長而上升，主要原因包括：

01 稅收稽徵人員徵管不嚴，財政部門監督不力。

02 稅收對於個人和企業是一種負擔，它減少了納稅人本身可支配所得，個人和企業可能發生逃漏稅。

03 國有資產在國民經濟當中的比例下降，使得國有資產收益的部分有所減少。

04 思維的錯誤，比如諸多稅收優惠措施的實施，包括減免稅、扣除額、寬減額、虧損抵減。

　　以上因素都會在一定程度上造成一國政府推動 GDP 增長的同時，卻沒有能夠帶來稅收的同步增加，所以逐步調整稅收體制中不合理、不科學的因素，不僅能夠確保財政收入，更重要在於能夠創造一個公平的經濟外部環境，促進經濟的長期穩定增長。

學校沒教的財政潛規則

　　根據德國 Cologne 大學 Dominik H. Enste（2018）分析 2003 年到 2018 年各國地下經濟規模，也就是逃漏稅的所得額，美國地下經濟占 GDP 的 7.4%，英國地下經濟占 GDP 的 11.2%，土耳其地下經濟占 GDP 的 30.4%，一般來説，愈先進的國家，因為查核逃漏稅的機制愈健全，地下經濟規模較小。

3-7 台灣的稅負負擔率

　　根據稅負負擔率（租稅收入占 GDP 比重），可知與美國、英國等國家比較，台灣的稅負負擔在 1990 年還有 19.2，到了 2000 年已經降到 12.6，呈現逐年下降趨勢，之後便維持在這個水準。

　　台灣稅課收入占 GNP 比率（即國民租稅負擔率）持續下降，由於稅課收入是國家財政支出最終，而且是最重要的財源，上述比率若持續下降，未來政府將無足夠財源從事軟硬體基礎設施的建構，因此，哈佛大學 Michael Porter 教授呼籲台灣的工商業者不要一味要求政府減稅以促進經濟發展，以免造成財政收入的不足。

學校沒教的財政潛規則

　　台灣目前雖然有 LINE Pay 等電子支付，但是受於政府態度目前並未全面實施無紙幣的電子支付交易，傳統的現金交易在夜市、小吃店、餐飲業仍然十分普及，因此容易逃漏稅，要解決地下經濟的有效辦法，可以提高電子支付比例，像是中國使用電子支付消費的比例高達 80%，新加坡與南韓使用電子支付消費的比例也超過 50%。

小時事大知識

　　台灣目前對於意圖「隱匿脫產」的欠稅違規大戶，在 2016 年修訂《稅捐稽徵法》第 23 條，把由 2007 年 3 月開始到 2017 年 3 月的 10 年追稅期限，再延長 5 年到 2022 年 3 月，適用對象從欠稅 50 萬上調至欠稅 1,000 萬元。

Chapter **3**

財政收入概述

3-8 印花稅不應該廢除

　　台灣印花稅目前課徵範圍有四類憑證，各憑證與國民經濟活動間具有密切關係，它基本上是景氣稅，與整體經濟發展、市場交易活動呈正向關係，是地方政府逐年穩健成長的重要財政收入。

　　印花稅稅制簡單，稽徵作業簡便，依財政收支劃分法，百分之百屬於地方財源，在地方開源不易且普遍財政困難之際，該稅收是地方政府的重要財政收入來源之一，一旦廢除印花稅，等同將一棵會結果子的樹砍掉，雖然這棵樹結的果子不多，但總比沒有果子好，要是砍掉這棵樹，將永遠沒有果子可摘，除非可以找到替代財源，否則將會對地方財源造成嚴重衝擊，影響基層建設推展。

印花稅是地方政府穩健的財政收入來源

 我財政想問

Q 印花稅額不足一元時，要貼花嗎？

A 1. 印花稅以計至通用貨幣元為止，凡按件實貼印花稅票者，如每件依稅率計算之印花稅額不足通用貨幣一元及每件稅額尾數不足通用貨幣一元之部分，免予貼繳。

　　2. 經核准彙總繳納印花稅者，如彙總稅額不足通用貨幣一元及應納稅額尾數不足通用貨幣一元之部分，免予繳納。

3-9 各國稅負負擔率比較

年別	台灣	澳洲	法國	英國	美國	日本
1980	19.2	26.2	22.7	27.8	19.9	17.4
1990	19.9	28.1	24.3	27.3	19.3	20.7
2000	12.6	30.5	27.9	27.4	21.6	16.7
2010	11.5	25.3	26	26.2	17.4	15.6
2017	12.9	27.8	29.4	26.9	20.9	18

各國稅負負擔率比較

　　各國年金改革只是把現有的財政大餅重新分配，讓軍公教少領一點，使國家財政減緩惡化速度；長遠之計，治本之道還在想辦法增加稅源收入，特別是占稅收比重較大的稅目，例如：我國遺產稅目前稅率一律 10%，並不符合財產累進稅的核課精神；而且目前遺產稅法潛藏許多避稅漏洞，造成稅基嚴重侵蝕，像是目前繼承人所繼承的數千萬、甚至數億元的人壽保險金遺產完全免稅；日本政府則是將人壽保險金納入遺產課稅，以降低納稅人發生逃稅的道德冒險誘因。

建議參考日本作法，將人壽保險金納入遺產課稅，以降低納稅人發生逃稅的道德冒險行為。

Chapter **4**

稅收原理

財政私房菜

加強查緝假發票真逃稅，為落實租稅公平，稅捐機關應加強查緝地下經濟公司虛設行號，或是收購即將倒閉的公司，開立不實發票，再賣給不肖商家作為進貨成本的進項稅額，用來扣減應納稅額。這些販售假發票的公司，可從中賺取手續費。而購買假發票的買家，可藉著收購不實進貨發票，達到少繳營業稅或是營所稅的目的。此外，像是一些知名字號的商家，號稱小規模營業人，或是夜市的知名攤位，每月營業額，早已超過需要開立統一發票的二十萬元以上門檻，卻為了少繳稅，而不申請設立使用統一發票專用章。造成稅基侵蝕，稅捐單位應加強查稅並利用電腦大數據技術，查核逃漏稅以降低稅基侵蝕，增加國庫財政收入。

為落實租稅公平，加強查緝假發票真逃稅，可增加國庫收入。

從稅收產生到現在幾千年的歷史長河中，古今中外眾多政治家和經濟學家們一直在探究稅收的奧祕，即探究國家為何要向人民徵稅，居民為何要向政府納稅，這個看似簡單，實為複雜的問題。在不同的社會發展階段，由於生產力發展水平不同，社會制度性質不同，以及國家職能的差異，人們對稅收的認知也不同，不過一直到資本主義生產方式建立之後，人們才得以從理論上有系統地研究稅收問題。

以下介紹財政學理論對於稅收概念的一些理論與看法。

稅收概念的各派說法

1. Adam Smith（1776）	英國經濟學家亞當‧史密斯（Adam Smith）認為公共資本和土地，是君主或國家所特有的兩項主要收入源泉，既不宜用以支付，也不夠支付一個偉大的文明國家所需要的必要公共支出費用。換言之，人民還必須拿出自己一部分私人的收入，交給君主或國家，為一筆公共收入。
2. Heinrich Ran（1832）	德國財政學家 Heinrich Ran 於 1832 年在其《財政學》一書中指出，稅收並不是人民對政府的回報，而是政府根據一般人民的義務，對人民的課徵。
3. Seligman（1895）	美國財政學者 Seligman 於 1895 年指出，賦稅是政府對於人民的一種強制徵收，用以支付謀取公共利益的費用，其中並不包含政府是否給予納稅人民特別利益回報的對等關係。
4. Musgrave（1959）	(1) 美國財政學者 Musgrave 是現代財政學之父，在其著作《財政學原理》（1959 年）一書中指出，稅收不僅僅是要以公正的方式取得收入，而且要在對稅制的公正性最小傷害的情況下，進行徵收。 (2) 他是政府積極干預主義的宣導者，他認為政府是社會正義的工具和有效的宏觀經濟政策的制定者。過去，英美經濟學家研究價格行為，供給和需求及與其他市場因素的互動關係，普遍認為政府發揮的是次要作用，只有當市場失靈時，才需要政府來彌補缺口，不過 Musgrave 卻認為政府對經濟發展與社會所得分配公平與否，扮演並發揮重要的經濟作用。 (3) 他主張許多商品和服務最好能由政府提供，他舉例說，有時候，老百姓寧願購買第二輛汽車和第三台冰箱，也不願意讓他們的孩子接受足夠的小學或初中教育，因此，類似義務教育這樣的殊價財（merit goods），最好是由國家或政府提供。至於有害品（demerit goods），例如：菸、酒和毒品等，為了人民的健康，政府應該對這類商品課徵重稅，以降低消費。

Chapter **4**

稅收原理

1. 稅收的強制性

稅收是由國家或是由政府徵收的，只有國家或是政府才具有課稅權，其他任何組織或機構均無法定權力對人民徵稅。

2. 稅收的法律性

不論納稅人是否願意，都必須按照法律規定納稅，否則就會受到法律的制裁。

3. 稅收的固定性

是指政府透過法律形式，按事先確定的標準徵稅，包括對什麼人或物徵稅、徵多少稅、由誰繳稅，必須事先確定，而不是任意決定。

4. 稅的無償性

稅收是國家或政府參與社會產品分配的一種主要形式，這種分配具有無償性，即國家徵稅對每一個具體的納稅人來說，不存直接返還性。

大神突破盲點

　　傳統經濟下的商業活動，通常會留下交易痕跡，如財產所在地、居住地、行為發生地等，因此較容易確定收入的性質及來源，進而基於收入的來源，判定相應的稅收管轄權，並透過合理的方式劃分利潤歸屬，同時再結合現有稅收協定，避免國際稅收爭議和雙重徵稅。但在數字經濟下，交易通常具有數位化、虛擬化、隱匿化和支付電子化等特點，使得交易場所、提供商品和服務的消費比較難以判斷。相應的，數字經濟下的經濟活動收入的性質及來源也相對難於確定，由此造成稅收管轄權判定和利潤歸屬劃分的難題。更值得關注的是，跨國公司還可能利用數字產品的形式或互聯網交易的方式，不在經營地設立固定的經營場所，從而在全球範圍內達到逃、避稅的目的。

4-3 稅收詞彙

1. 基本名詞

(1) 納稅人	• 課稅主體亦稱納稅人，稅法規定的負有納稅義務、直接向政府繳納稅款的自然人和法人。 • 自然人指本國公民及在本國居住或從事經濟活動的外國公民；法人是指一切享有獨立預算的國家機關和事業單位，包括各種享有獨立經費的社會團體。 • 當中，企業是最主要的納稅人。它可以是個人獨資、合夥、工廠、商店，也可以是具有同樣性質的跨國企業或外資公司。納稅人必須依法向國家納稅，否則要受到法律的制裁，例如：加收滯納金、處以罰款或坐牢等。
(2) 負稅人	與納稅人緊緊相關的一個租稅概念是負稅人。負稅人是稅款的實際負擔者。負稅人與納稅人有時是同一個人，例如：個人綜合所得稅，納稅人也是負稅人；有時不是同一個人，例如：對商品課稅，納稅人是生產或銷售商品的企業，經過租稅轉嫁，負稅人最後可能是購買該商品的最終消費者。
(3) 稅目	• 稅目，是在稅法中對徵稅對象按照分類規定的具體徵稅專案，設置稅目的主要是明確規範具體的徵稅範圍，凡列入稅目的，即為應稅對象，未列入稅目的，則不屬於應稅對象。 • 劃分稅目也是貫徹國家稅收調節政策的需要，國家可以根據不同的時空環境以及不同的經濟發展階段制定不同的稅率，以體現不同的稅收政策合理與公平性。
(4) 稅率	• 稅率是整個國家稅收的核心要素，是計算稅額的主要依據和標準。 • 在課稅對象既定的前提下，國家徵稅的數額與納稅人的租稅負擔多寡，取決於稅率的高低。 • 國家一定時期的稅收政策走向，在基本上體現在稅率訂定方面。稅率是租稅負擔在政策上能否真正公平、高效、合理分配的重要關鍵。

2. 稅率一般有三種型式

(1) 比例稅率	對相同的徵稅對象，不論數額大小，均按同一比例計徵稅率，它符合計算簡便的效率原則。
(2) 累進稅率	是指隨著徵稅對象所得增加而相應逐級提高計徵稅率的一種設計，符合所得愈高者，應繳賦稅愈高的租稅公平原則。
(3) 定額稅率	又稱固定稅率，是按課稅對象直接規定固定的稅額，採用一定稅額方式徵收，稅收收入不受徵稅對象所得變動的影響。

3. 各國稅率情形

國家（地區）	個人所得稅率	企業所得稅率
英國	0～50%	23%
法國	0～50%	33.33%
德國	0～45%	29.8%
中國	3～45%	25%
日本	5～56%	30%
美國	0～35%（聯邦） 0～10.3%（州）	15～39%（聯邦） 0～12%（州）
瑞典	28.89～59.09%	22%
台灣	5～40%	20%
泰國	5～37%	30%

4. 納稅環節

　　是指在商品流轉過程中，應當繳納稅款的環節，例如：工業品要經過工廠生產、商品批發、商品零售等環節；農產品要經過種植生產、採收採購、商品批發、商業零售等環節；產品在流轉中確定要在哪一個環節繳納稅款，十分重要，它關係到稅制結構和整體稅收體系是否公平合理，關係到中央與地方對稅款收入的分配，關係到是否方便納稅人繳納稅款等課稅簡便問題。

5. 納稅期限

　　是指納稅單位或個人繳納某一種稅款的期限，納稅期限一般是根據各稅目的不同特點，一般分為：

(1) 按次計算	是以納稅人從事生產經營活動的次數作為納稅的計算依據期，例如：印花稅與契稅規定，不動產之買賣、承典、交換、贈與、分割或因占有而取得所有權者，應按次申報繳納契稅。
(2) 按期計算	是指以發生納稅義務、扣繳義務的一定期間作為納稅依據，例如：營業稅規定，營業人，不論有無銷售額，應以每二月為一期，於次期開始十五日內，填具規定格式之申報書向稅捐機關申報。
(3) 延期納稅	是指國家允許納稅人對那些合乎規定的稅收，同意延遲繳納或分期繳納其應負擔的稅額。

我財政想問

Q 房屋頂樓廣告塔，要不要課徵房屋稅？

A 房屋頂樓增建廣告塔，除加重其房屋負荷外，並無增加房屋使用價值，故不課徵房屋稅。

6. 租稅減免

租稅減免主要內容包括：

(1) 減稅和免稅	也就是對納稅人的應納稅額，少徵一部分或是全部免徵稅。
(2) 起徵點	目前，台灣對於小規模營業人的營業稅，依行業種類分別訂有起徵點，只要查定銷售額未達前述營業稅起徵點標準者，無須繳納營業稅。但是如果平均每月營業額達一定金額者，便要開立統一發票。
(3) 免徵額	即稅法中對於特定徵稅對象免予徵稅的規定與數額，免徵額是按一定標準從徵稅對象的所得總額中減除，免徵額部分不予徵稅，政府只對超過免徵額的部分徵稅。

7. 扣繳義務人

是指稅法規定，在個人或企業本身的經營活動中，承擔代扣稅款並向國庫繳納的單位與個人。

8. 價內稅與價外稅

財政以稅收與價格的關係為標準，可將稅收分為價內稅和價外稅。

(1) 價內稅	價內稅就是稅金包含在價格之中，作為價格的組成部分的稅種。比如關稅營業稅或消費稅等。
(2) 價外稅	價外稅為價內稅的對稱，是指稅款不包含在商品價格內的稅。例如：中國的增值稅。

9. 稅收指數化

稅收指數化	是減輕通貨膨脹的收入分配扭曲效應的一種方法。按通貨膨脹率來調整納稅的起徵點和稅率級距等級。例如：假定原來起徵點為 1,000 元，當通貨膨脹率為 10% 時，就可以把起徵點改為 1,100 元。這樣做的好處是避免因為通貨膨脹造成納稅人所得並未增加，而實際租稅負擔增加的現象。

10. 應稅所得額

指企業每一個納稅年度的收入總額，減去免稅收入、各項扣除以及允許彌補的以前年度虧損後的餘額，即為應納稅所得額。

11. 盈虧相抵

是指允許企業以某一年度的虧損，抵消以後年度的盈餘，以減少其以後年度的應納稅款；或是當年度的虧損沖抵以前年度的盈餘，申請退還以前年度已繳納的部分稅款。

12. 加速折舊

是指稅法同意企業在固定資產使用年限的初期，提列較多的折舊，以減輕其營業初期的成本負擔。

小時事大知識

為了某些特殊需要，中國對個別稅種採取價外稅，例如：燒油特別稅，是由供油單位在供油環節負責代收代繳稅款，燒油特別稅只限於特定的油品，採從量定額徵稅，它屬於價外稅，不增加供油單位的負擔。

我財政想問

Q 騎樓可以申請減免地價稅嗎？

A 1. 騎樓用地只要沒有做生意，而提供給公眾行走，可以申請減免地價稅。

2. 一般常誤認騎樓只有 1 樓可以減徵地價稅，事實上騎樓部分的土地是由整棟樓房的人持分共有，因此 2 樓以上住戶，一樣可以減徵地價稅，但記得要向稅捐處提出申請。

3. 如為 2 層樓以上建物，騎樓上方有 1 層房屋，可減徵騎樓面積 1/2；有 2 層房屋，可減徵 1/3；有 3 層房屋，可減徵 1/4；有 4 層以上房屋，可減徵 1/5。

4. 須於每年地價稅開徵 40 日前（即 9 月 22 日前）提出申請。

小時事大知識

　　著名的金門酒廠是金門的經濟命脈，其盈餘占該縣財政收入 40% 以上，長期以來，金門縣政府的財政過度依賴金酒營銷維持「歲入」的穩定，2006 年，金門酒廠營收首度破百億，酒廠還特別推出一款「百億酒」來紀念，但是近年來大環境發生劇烈變化，中國觀光客銳減，2015 年開始出現歲出大於歲入的短絀，缺口達 3.07 億元。

　　2018 年金門縣政府的預算赤字約 10 億，2019 年預算赤字約 20 億，2020 年受到疫情影響，對金門縣的財政收入更是雪上加霜。

稅收分類,包括設計稅制結構,分析租稅負擔,加強徵收管理。一般來説,稅收的分類大致上分為以下幾種類型:

1. 從價稅與從量稅	• 從價稅是以課稅對象的價值或價格為標準,按一定比例計算徵收的各種稅。是依稅收的計稅標準進行的歸類。 • 從量稅是從價稅的對稱,是以課稅對象的重量容積、面積、長度等計量單位為標準,按固定單位稅額計稅的課稅模式。
2. 直接稅與間接稅	• 直接稅是指納稅人直接負擔的稅,納稅人即負稅人,例如:所得稅。 • 與直接稅相對應,間接稅是指納稅人可能將稅負轉嫁給他人負擔的各稅,納稅人不一定是負稅人,故稱間接稅,例如:關稅或消費稅。
3. 中央稅與地方稅	• 中央稅又稱國稅,由財政部隸屬的國稅系統徵收,是中央政府收入的固定與主要來源,稅收歸中央所有,例如:關稅、營業稅、貨物稅、遺產及贈與稅等。 • 地方稅為國稅的對稱。除了一部分稅收因為分成,需要上繳中央以外,由一國地方政府依法徵收、管理和支配的稅收。例如:使用牌照稅、房屋稅、地價稅、契稅、土地增值稅、印花稅、娛樂稅。

稅收是財政不可缺少的一片拼圖

4-5 租稅公平

1. 租稅公平分為：(1) 水平公平；(2) 垂直公平。水平公平是指經濟能力相同的人要繳一樣的稅，垂直公平則是指所得高的人繳的稅多，所得低的人繳得稅少。有時一國社會可以發現，很多人賺很多錢卻從來不繳稅，或繳很少的稅，這便是水平不公平。

2. 解決垂直的公平較簡單，調高稅率就好，但水平的公平，由於許多人賺錢不繳稅，政府課不到稅，因此要做到水平公平很難，需要擴大稅基並多管齊下，例如：建立跨境電商課稅制度，加強大數據分析找稅源等，只要是能反映經濟能力的任何一種稅，都包括在內，就像是我們可能掌握不到富人的所得藏在哪裡，但富人一定會消費，例如：買珠寶、名錶、打高爾夫球等，課徵奢侈稅就可以讓富人乖乖繳稅。

水平公平與垂直公平的比較

項目	水平公平	垂直公平
內容定義	水平公平表示具有同等地位的人，應受平等的待遇，亦即指經濟能力相等的人，不論其職業、性別、種族及階級等因素，應該負擔平等的稅額，以達財政上稅負的公平性。	垂直公平亦為租稅負擔分配理論之一，亦即指在租稅負擔上，經濟能力不等的人，負擔不等的稅額。經濟能力高者稅負就重，經濟能力低者稅負就輕，無經濟能力者即不負擔稅額，以達平等的目的。
政府徵稅	容易逃稅	不容易逃稅
政府解決之道	擴大稅基	提高稅率

4-6 租稅轉嫁與租稅歸宿

1. 租稅轉嫁（tax shifting）是指稅法上規定的納稅人，將自己所繳納的稅款轉移給他人負擔的過程。

租稅轉嫁示意圖

(1) 前轉	前轉又稱為順轉，是指納稅人透過抬高銷售價格，將稅負轉嫁給購買者。
(2) 後轉	後轉又稱為逆轉，是指在納稅人無法實現前轉時，透過壓低進貨的價格，以轉嫁稅負的方式。
(3) 散轉	在現實生活中，往往是前轉和後轉並行，即一種商品的稅負透過提高銷價轉移一部分，又透過壓低進價轉移一部分，這種轉嫁方式稱為混轉或散轉。
(4) 轉化	是指納稅人透過研發技術，降低生產成本，自行吸收租稅負擔，沒有轉給供貨商，也沒有轉嫁給消費者。。

例如：汽車製造商透過提高價格的辦法，將所繳納的稅款向前轉嫁給消費者負擔；成衣製造商透過壓低棉花收購價格的方法，將所繳納的稅款向後轉嫁給生產者或種植農民負擔；商品供應商將所繳納的關稅轉嫁給消費者負擔。

2. 而稅收歸宿（tax incidence）則是稅收轉嫁的終點，即稅收的最後實際負擔者。

3. 稅負轉嫁的情形

01 一般來說，消費稅或商品課稅較易轉嫁，所得課稅或遺產課稅較不易轉嫁。

02 供給彈性較大、需求彈性較小的商品，例如：米、油、民生用品的課稅較易轉嫁。供給彈性較小、需求彈性較大的商品課稅則較不易轉嫁，例如：鑽石、名錶、珠寶等。

03 壟斷性商品容易將租稅轉嫁消費者負擔，政府對競爭性商品課徵的稅，則較難轉嫁給消費者。

我財政想問

Q 張三在台北市有三棟房子，每年都收到三張房屋稅稅單，為何地價稅稅單只收到一張？

A 地價稅是按照每一個土地所有權人，在每一直轄市或縣（市）轄區內所有全部的土地地價加總來計徵，所以同一個人在台北市轄區內持有多筆土地時，計算台北市的地價稅是將各筆土地的課稅地價加總後，再乘上所適用地價稅的級距稅率。

因此，每一個土地所有權人在台北市只會收到一張地價稅稅單，不像房屋稅以每一戶門牌開立一張房屋稅稅單，如果有三棟房子，會分別編訂三個門牌，則會有三張房屋稅稅單。

　　租稅歸宿有法定歸宿（statutory incidence）與經濟歸宿（economic incidence）：

1. 法定歸宿是指租稅經過轉嫁，最後實際的負擔者，例如：牌照稅係車輛所有人為法定歸宿。

2. 經濟歸宿是透過市場轉嫁，最終由其他經濟主體或個人承擔稅負，例如：消費稅。

4-7 拉弗曲線

1. 拉弗曲線（Laffer curve）是表示稅率和稅收之間變動關係的曲線，拉弗認為稅率與稅收之間存在一種函數關係，採用高稅率，不一定會取得高稅收。

2. 當稅率為零時，政府的稅收不干預企業生產，這時可能會使生產擴大，但是政府的收入卻是零，但沒有稅收這種結果會使政府的大部分活動停止，整個社會生產處於無政府狀態，所以這種稅率在實務上不存在。

3. 當稅率由零向右推移增加時，稅收會逐漸增加，當移動到一個反曲點時，稅收收入達到最大，可以認定這點是最大稅收的稅率。

4. 稅率一旦過了這個使稅收達到最大的「最佳稅率點」之後，隨著稅率的提高，稅收收入不但不增加，反而減少，這就是拉弗曲線效應。

違章建築要繳房屋稅

房屋稅是以附著於土地的各種房屋，及有關增加該房屋使用價值的建築物為課徵對象，無照違章建築房屋也不例外。至於該繳多少房屋稅，是依房屋實際使用情形，分別按不同稅率課徵。房屋稅的完納，只是納稅義務的履行，不能以此為根據，使違章建築房屋變成合法。

4-8 因應時代的新型稅制

1. 稅基侵蝕和反濫用稅的關係（base erosion and anti-abuse tax）

簡稱 BEAT 稅，是美國川普政府在 2018 年 1 月推出並正式實施的稅改法案。按照稅改法案，在美國的企業與其海外分支機構或總部發生交易過程中如出現刻意為了逃避稅負而降低其在美國的納稅業務，按該規定，該企業必須繳納相當於交易額 10% 的稅基侵蝕和反濫用稅。

BEAT 稅增加了在美外資企業的稅務成本與租稅負擔，削弱企業的市場競爭力。此一主張與美國川普總統強調美國優先的反全球化的保護主義勢力抬頭有關。

2. 稅基侵蝕和利潤轉移（base erosion and profit shifting）

2013 年 OECD（經濟合作暨發展組織）發布《BEPS 行動計畫》，提出稅基侵蝕和利潤轉移（base erosion and profit shifting），簡稱 BEPS，是指跨國企業利用國際稅收規則本身存在的盲點或不足，以及各國稅制差異和徵管漏洞，為了減少租稅支出，極大限度地減少企業在全球整體的租稅負擔，甚至達到雙重不徵稅的目的，以致造成對許多國家稅基的一種侵蝕。

跨境經營的企業可以從 BEPS 中獲利，相較國內經營的企業更具競爭優勢。導致資源配置的低效率，扭曲了市場自動調節機制與投資決策，使得資源流向稅前報酬率低而稅後報酬率高的經營活動。然而，包括普通自然人在內的所有納稅人，如果發現跨國企業都在避稅，那麼全體納稅人的租稅遵循率都會下降。

現行 OECD 稅基侵蝕和 利潤轉移行動計畫（BEPS 行動計畫）分類	
類別	**行動計畫**
數字經濟帶來的挑戰	應對跨國數字經濟課稅
提高稅收透明度和確定性	數據統計分析、強制披露規則、轉讓定價同期資料、爭端解決
協調各國企業所得稅制	排除混合錯配、受控外國公司規劃、利息扣除、有害稅收的實踐

加強查稅高收入者

稅收是財政之母，政府應加強對高收入者查稅，以降低稅基侵蝕。

3. 汙染稅的雙重紅利效果

(1) 環境保護稅最早是由英國經濟學家庇古所提出的，他的觀點早已為世界多數國家普遍接受，尤其歐美各國的環保政策愈來愈多採用碳稅、綠色環保稅等多種特指稅種來維護生態環境，針對汙水、廢氣和廢棄物等影響環境汙染物，進行強制徵稅，就是源於他的主張。

(2) 汙染稅具有雙重紅利效果（double dividend effects），即汙染稅的稅基（tax base）為汙染排放物（bads 而非 goods），課徵汙染稅，又可同時減少環境汙染。此外，汙染稅收入還可替代其他稅課收入之不足。

4. 克拉克租稅（Clarke tax）

(1) 當全體選民需要決定是否選擇某個公共財時，每位選民報告他對該公共物品的取或捨所賦予的個人估值（personal worth）。

(2) 當選擇取或捨的一方的累計個人估值（aggregate personal worth）超過了對方，從而贏得了對該公共物品的取捨權後，獲勝一方的關鍵選民（critical voter），即其個人估值扭轉了選舉結果的那些選民，必須繳納一定數量的稅。

(3) 而這筆稅的大小正好等於對方的累計個人估值（aggregate personal worth），與己方在該關鍵選民不參加投票的情況下的累計彙報價值之間的差額。

小時事大知識

　　誘使消費者顯示其個人隱藏偏好的克拉克租稅（Clarke tax），是將個人的邊際成本設定為公共財的邊際成本減去其他成員邊際效益的總和，即可找出某一消費者所必須支付的代價，即 $dA = MC - dB$，符合 Sameulson 效率條件 $dA + dB = MC$，即垂直加總條件，其中 dA, dB 分別為 A, B 的邊際效益，MC 為邊際成本，但是克拉克租稅的設計是假設個人不存在勾結的行為。

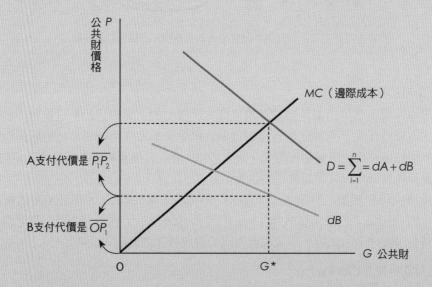

克拉克租稅

表示公共財的邊際成本 MC，減去 B 成員因為使用公共財，獲得邊際效益願付的代價 $\overline{OP_1}$，可得出另一位 A 成員使用公共財 G 的邊際效益。而 $\overline{P_1 P_2}$ 是政府透過 $MC = dA + dB = D$ 找出 A 成員對公共財隱藏性的偏好。

4-9 稅盾效應

　　稅盾（tax shield）簡單來說，是指企業增加可扣稅支出，而使得應繳所得稅降低的作法，例如：公司舉借債務所產生的利息會使公司稅前盈餘下降，從而付出較少的所得稅支出。

　　也有跨國公司為了減少稅收，採用舉債替代募股方式進行投資，又稱資本弱化，稅盾效應已經成為跨國公司避稅的一個主要手段。

　　例如：設營利事業所得稅率 20%，利率 10%，企業為向債權人支付 100 元利息，由於利息是在稅前支付，因此企業只需產生 100 元稅前利潤即可（設企業完全是貸款投資）；但如果要向股東支付 100 元投資回報，則需產生 100/（1 － 20%）＝ 125 元的稅前利潤；因此在節稅支出上，「稅盾效應」使得企業以貸款融資相較於股權融資取得資金更為有利。

利用稅盾降低應繳所得稅

根據自願交換理論的發展,當林達爾均衡實現時,社會達到了資源配置的帕雷托最優;換句話説,當政府提出的稅收分配比例正好使得兩個消費者偏好的公共品數量相等,便能達到市場的供需均衡。瑞典經濟學者 Lindahl 假定投票者經由投票決定政府應提供的公共財數量,由於公共財的成本由投票者承擔,因為公共財具非排他性,因此所有投票者都可享用,所以每個人決定各自負擔的租稅比例的同時,也決定了公共財的最適數量。

我財政想問

Q 過高的菸品稅(捐)是否合宜?

A 1. 過高的菸品稅(捐)會鼓勵劣菸與偽菸的走私活動。

2. 菸品稅具有累退效果,買菸抽菸者大多是社會上中低所得階層,對菸品需求彈性小,提高菸品稅(捐)造成租稅負擔與所得呈現逆向重分配現象。

3. 各國許多實證發現菸品稅(捐)除了可替政府取得財政收入之外,對降低菸品使用成效不大。

菸品稅具有累退性,買菸的人大多是社會中低所得階層,提高菸品稅,真的能減少菸害嗎?

4-11   雙重課稅

　　雙重課稅（double taxtion）是兩個或兩個以上國家的稅收權力機關依照各自的稅收管轄權對同一納稅人的同一筆所得，各自按其本國的稅法在同一納稅期間內課稅同一或類似的稅種。

　　雙重課稅可分為事實上的雙重課稅和潛在的雙重課稅。事實上的雙重課稅是指兩個或兩個以上國家已實際上行使了徵稅權。潛在的雙重課稅是指兩個或兩個以上國家對處於其各自稅收管轄權之內的同一納稅人的同一筆所得沒有同時行使其稅收管轄權，但這些未行使徵稅權的國家，可以隨時行使其課稅權。

　　大多數已開發國家比開發中國家簽訂更多租稅協定，例如：英國與超過 110 個國家簽訂租稅協定，但仍有未簽訂租稅協定的地區，一般是認定對方為避稅天堂。

我財政想問

Q 個人出售古董要繳稅嗎？

A 1. 出售古董是按《所得稅法》第 14 條第 1 項第 7 類的「財產交易所得」，計算課稅所得的方式，有下列兩種：
   - 如果出售人可以提示供認定交易損益的證明文件者，以交易時的成交價額減除原始取得成本及因取得、改良及移轉該項資產所支付的一切費用後，其餘額即為所得額。
   - 不能提示供認定交易損益之證明文件者，依出售種類不同，比照各該行業代號分別適用營利事業同業利潤率計算課稅所得。
2. 個人在台出售古物、藝術品，選擇上列任何一種方式計算獲利後，要合併個人綜合所得繳稅，稅率為 5% 到 40% 不等。

　　如果我國與僑居地國，例如：紐西蘭、日本等國沒有簽署所得稅協定，僑胞可能同時具有我國及僑居地國之兩國居住者身分，而必須按兩邊稅法申報納稅，造成雙邊課稅。

　　所得稅協定是指「消除所得稅雙重課稅與防杜逃稅及避稅協定」，是締約雙

方為了消除所得稅課稅差異，本於互惠原則，就各類所得訂減、免稅措施，以消除雙重課稅，我國截至 2020 年 5 月，對外簽署生效的全面性所得協定有 32 個，如下表所示。

地區協定數				
地區	亞洲	大洋洲	歐洲	非洲	美洲
數量	8 個	3 個	15 個	4 個	2 個

我國海空國際運輸所得互免所得稅單項協定地區數		
地區	亞洲	歐洲	美洲
數量	8 個	15 個	2 個

4-12 國際避稅

　　國際避稅（international tax avoidance）是指跨國納稅人對於國家稅法、國際稅收協定，利用各國稅法的差別、漏洞、特例和缺陷，規避納稅主體和納稅客體的納稅義務，不納稅或是少納稅，屬於法律上合法，但是道德上有爭議的情形。

　　國際避稅產生的原因，主要是由於一些國家稅負重，一些國家稅負輕，加上各國稅收管轄權不同運用，各國徵稅的客觀依據不一以及稅率水平、課徵形式的不同，造成納稅人，例如：企業或富人，為了節省龐大稅負支出，容易出現將資金或財產移至海外或是到海外消費的跨國避稅行為。

我財政想問

Q 網路賣家從事境內網路交易銷售貨物要繳稅嗎？

A 1. 賣家在網路銷售貨物或勞務，每月銷售貨物的銷售額未超過 8 萬元（銷售勞務者為 4 萬元），可以暫時免向國稅局辦理稅籍登記。如當月銷售額超過前揭標準，即應向國稅局辦理稅籍登記。

2. 依法免辦稅籍登記免徵營業稅的網路賣家，需將經營網路交易的「營利所得」併計個人年度綜合所得總額，辦理結算申報。

　　營利所得＝全年銷售額 × （所經營行業當年度營利事業所得稅結算申報案件擴大書面審核實施要點規定的純益率）

3. 網路賣家在辦理稅籍登記後，如果每月銷售額達營業稅起徵點但未達 20 萬元者，由國稅局按銷售額依稅率 1%，按季（每年 1、4、7、10 月月底前發單）課徵。如果每月銷售額超過 20 萬元，除依稅法規定免用統一發票者外，應使用統一發票，稅率為 5%，但相關進項稅額可提出扣抵，且必須每 2 個月（分別為每年 1 月、3 月、5 月、7 月、9 月、11 月）向國稅局申報銷售額並自行繳納營業稅額。

4. 跨境網路購物盛行，若網路賣家代台灣買家至中國大陸淘寶網站代購代付，網路賣家向台灣買家收取的手續費屬銷售勞務，依前述三項辦理。

4-13 出口退稅制度

　　是指一個國家或地區對已報關離境的出口貨物，由稅務機關根據本國稅法規定，將其在出口前生產和流通各環節已經繳納的國內增值稅或消費稅等間接稅稅款，退還給出口企業的一種稅收制度。

　　按一般國際慣例，出口退稅可以使出口貨物的整體稅負歸零，有效避免國際雙重課稅，減輕出口商的負擔。

我財政想問

Ｑ 游泳池、棒球賽及釣魚、釣蝦場要不要課徵娛樂稅？

Ａ 1. 目前游泳、釣魚、釣蝦本身非娛樂稅之課徵對象，不過場地內若設有娛樂設施，如電玩等，則應另行設籍並代徵娛樂稅。

　　2. 另外，各種競技比賽，屬娛樂稅課徵範圍，為《娛樂稅法》第2條第1項第4款所明定，因此，舉辦棒球比賽收取費用，應課徵娛樂稅。

我財政想問

Ｑ 「零稅率」和「免稅」一樣嗎？

Ａ 1. 零稅率是指銷售貨物或勞務所適用的營業稅稅率是零，因為銷項稅額是零，如果有溢付「進項稅額」，是可以申請退還的，例如：外銷貨物。

　　2. 免稅是指銷售貨物或勞務時免徵營業稅，但是「進項稅額」不能扣抵或是退還，例如：依法登記的報社、出版社。

4-14 稅課收入仍是各國財政收入的主要來源

我國近年來歲入與稅課收入情形

　　台灣自 1999 年以來，不論是稅課收入或是歲入（包含稅課收入、獨占及專賣收入、罰款及賠償收入、規費收入、財產收入與營業盈餘及事業收入），都是呈現逐年增加的趨勢，例如：2014、2015、2016、2017 與 2018 年的歲入淨額分別為 25,088 億元、26,623 億元、26,909 億元、27,533 億元、28,486 億元。稅課收入分別為 19,176 億元、20,766 億元、21,659 億元、21,876 億元、22,992 億元，顯見近 10 年來，我國財政收入狀況良好。

我國近年來歲入與稅課收入情形

單位：億元

年度	2013	2014	2015	2016	2017	2018
歲入淨額	24,576	25,088	26,623	26,909	27,533	28,486
稅課收入	17,688	19,176	20,766	21,659	21,876	22,992

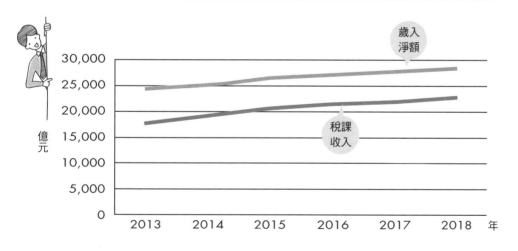

根據 IMF（國際貨幣基金會）歷年年報觀察台灣近 5 年的稅課收入占歲出的比重，也就是財政學上的「租稅依存度」，由下表可以發現台灣近 5 年的「租稅依存度」分別為 72.5%，78.5%，78.9%，79%，80.8%，呈現逐年上升趨勢。顯示我國歲出的財源有愈來愈多是由課稅收入而來。

稅課收入占歲出之國際比較

單位：%

年度	台灣	日本	德國	英國	美國	新加坡	法國	中國大陸	加拿大
2014	72.5	77.3	86.9	75.2	68.6	92.5	79.7	83.5	81.8
2015	78.5	79.4	88	77.5	69.9	75.2	80.2	78	82.3
2016	78.9	79.9	88.6	80.4	68.7	81.8	80.4	76.9	81.9
2017	79	82	89.3	82.6	71.7	87.6	82	79.4	82
2018	80.8	83.8	90.2	81.7	65.9	79.9	82	–	81.4

資料來源：依 IMF, 'Government Finance Statistics Yearbook' 資料編算

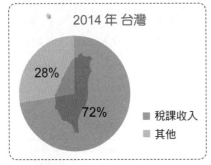

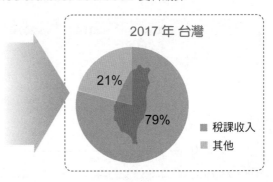

小時事大知識

　　台灣 2019 年新增「長照扣除額」後，只要符合衛福部公告「須長期照顧之身心失能者」資格，不論是請人照顧、在家照顧，還是入住長照中心，不須逐筆收集支出單據，每位每年可以定額扣除新台幣 12 萬元，自 2020 年 5 月申報所得稅時，便可適用喔！

　　不過這項「長照扣除額」有排富條款，基本所得年收入超過 670 萬元者，不得享受「長照扣除額」的優惠。

4-15 數位經濟時代的交易課稅問題

1. 數位經濟課稅公平性問題

(1) 隨著數位經濟時代的來臨,被大多數跨國公司視作生命線的傳統物流鏈已變得不再重要。同時,隨著依託數字經濟的跨國高科技公司快速崛起,其主要利潤或許已不再來自於實體產品,甚至很多公司根本沒有實體產品,而各類無形資產卻成了他們獲得超額利潤的重要手段。

(2) 從成本收益來看,根據經濟學原理,一方所履行的功能、義務、所投入的資產,以及所承擔的風險,應該與其所獲得的報酬相配合。不過,實務上,由於當前各國尚未針對跨境電商數位化交易稅收管轄權訂定統一的標準,造成許多跨境電商利用所得來源國與母國對所得來源認定的差異,尋找逃稅或避稅的機會。

(3) 由於數據的利用可為企業創造商業價值,所以對數字資訊及相關無形資產的公平合理認定極為重要,這是各國必須克服與協調之處。

2. 各國應加強追查電商註冊登記

(1) 網路平台如果接收到稅務機關有關賣方未履行納稅義務的通知,應立即暫停或關閉賣方帳戶,而不應容忍不履行網路市場交易法律義務的交易行為,以避免網路平台承擔電商賣方違法的責任和稅務成本。以德國為例,亞馬遜和 ebay 與德國稅務局合作,賣家一旦被查出違法,便立刻被禁止使用其平台服務。此外,各國政府應要求所有在網路平台從事銷售的跨境電商,都應對每一筆零售交易,開立雲端模式的電子發票納稅紀錄證明。

(2) 此外,如果買方購買下載數位化產品的目的,是為了獲取商業性使用有關該數位化產品中的版權權利,則有關款項可能構成特許權使用費收入。數位經濟的特色就是單筆金額不大,但規模卻愈來愈大,若對境外電商放水,將會對合法登記註冊的電商業者造成不公平的競爭。

(3) 換言之,同樣做跨境數字交易,一個免稅、一個要稅,將會造成劣幣驅逐良幣的情況,迫使優良合法註冊並繳稅的電商業者退出市場。

Chapter **5**

赤字與公債

5-1 財政收支

　　財政收支在收支變動上進行對比，不外乎三種結果：

1. 財政平衡	財政收入與財政支出相等
2. 財政結餘	財政收入大於財政支出
3. 財政赤字	財政收入小於財政支出

　　從各國預算實際執行的結果來看，收入與支出正好相等的情況幾乎是不存在，往往不是有結餘，便是有逆差，因此，財政收支平衡往往只是一種理想狀態，是預算編制的參照準則。

大神突破盲點

功能財政

　　功能財政強調一國政府先不考慮收支平衡，而是著眼於提高社會平均福利，GDP 增加，失業率下降，物價安定，所得均富等總體經濟體系。

　　與財政平衡不同的是，功能財政由政府先根據總體經濟目標確定財政支出，再加上稅收變化後可能的影響進行治理，赤字不是原因，而是落實功能財政政策的結果。

5-2 財政平衡

1. 財政靜態平衡	只考慮一個財政年度內的收支對比。
2. 財政動態平衡	引進時間因素,探討一國經濟週期對財政的影響以及財政對經濟週期的調節作用,追求的是一個時期內的收支平衡。
3. 財政平衡不能局限於靜態平衡,要有動態平衡的觀點	例如:某一時點上的財政表現為不平衡,但若從一個較長遠的時期來看,就有可能表現為財政平衡,例如:因為重大天災人禍,動用財政結餘的當年度,雖然在統計上表現為赤字,但如果結合有結餘的年度起以動態觀察,財政收支仍有可能是平衡的。
4. 財政平衡的真實性	應留意中央或地方政府可能出現虛假的財政平衡,在財政實踐中,可能存在「財政性掛帳」(待處理帳務),也就是當年度收不抵支的差額結轉到下一年度,表面上減少當年度財政赤字,容易誤導人們以為當年度財政收支狀況良好,帶給上級單位或外界錯誤的訊息。

財政動態平衡

政府為提升國家競爭力,促進經濟成長,應該追求的是一個時期內的財政動態平衡,而不是只考慮一個年度的財政平衡。

5-3 財政赤字

1. 財政赤字的種類

財政赤字的種類	
(1) 預算赤字	是指在編制預算時，就已經安排的赤字，或是預算執行過程中所產生的赤字，是政府為了實現一定的目標所採取的財政手段或政策。
(2) 決算赤字	是指預算執行結果的支出大於收入，決算赤字的產生既可能在預算編制時就存在，也可能是由於預算執行過程中的人為管控不當結果所導致。
(3) 週期性赤字	週期性赤字是指一國財政赤字當中，因經濟波動而產生的部分。例如：當經濟衰退時，公司的利潤與個人收入多會下降，政府的稅收就會因此而減少，這時候有可能抵不上財政支出，而產生財政赤字。
(4) 結構性赤字	• 是指國民經濟處於充分就業狀態時，所出現的財政赤字，又稱為充分就業赤字，例如：台灣的自然失業率一般為 5%，因此台灣的充分就業一般是指 95% 的勞動力都有全職工作狀態。 • 在這種情況下，對當年的財政收入和財政支出進行估算，如果財政收入少於財政支出，這個赤字便是所謂的結構性財政赤字。

2. 財政赤字的計算方式有：(1) 硬赤字；(2) 軟赤字

兩種赤字計算方法

01 硬赤字

赤字或結餘＝（經常收入＋債務收入）—（經常支出＋債務支出）

按這種方法計算，表明了政府是將政府債務作為彌補財政赤字的手段，如果在彌補了已經發生的財政赤字以後，仍然有財政赤字，政府必須採取舉債以外的方法解決財政缺口。

02 軟赤字

赤字或結餘＝經常收入—經常支出

按這種方法計算，表明了政府將債務收入作為彌補財政赤字的唯一手段，因此，財政赤字實際上等於債務收入。

3. 赤字口徑如何計算

(1) 公式

　　週期性財政赤字＝當年度總財政赤字－估算的結構性財政赤字

(2) 意指當經濟衰退時，週期性財政赤字會擴大；反之，當經濟復甦或繁榮時，
週期性財政赤字會減小。

4. 財政赤字的原因

(1) 一國出現財政赤字，有諸多原因，有些情況是為了刺激經濟發展而降低稅率
或增加政府支出，舉例來說，景氣衰退，稅課收入成長趨緩甚至是負數，政
府可採取擴張性財政政策以振興經濟，增加歲出彌補民間需求不足，但這些
都會導致政府歲出與歲入差短金額更加擴大。

(2) 另外有些情況是因為政府管理不當，引起大量的逃稅或過度浪費所致。以西
方財政經濟史來看：

1930 年代以前	財政赤字的原因	1930 年代以後
1930年代以前，亞當·史密斯認為政府不應過多干預經濟，政府用於市場干預的支出較少，財政赤字額也會較小，主張財政收支平衡。		1930年代以後，西方國家出現經濟大恐慌，凱因斯學說開始被接受，政府開始廣泛參與社會經濟活動，財政赤字與發行公債被視為是實現政府經濟目標的重要手段。

(3) 但是有些國家財政赤字，基本上屬於經濟改革和發展的代價，有較強的過
渡性特徵，例如：中國大陸 80 年代的經濟開放改革所採取的擴張性財政政
策，帶動了 90 年代連續多年的二位數 GDP 成長率，尤其 2003 年、2004
年、2005 年、2006 年、2007 年的 GDP 實際增率分別為 10%、10.1%、
11.4%、12.7%、14.2%。

5-4 彌補財政赤字的措施

1. 動用上年度結餘或累計財政結餘

　　如果上一年度有財政結餘的話，動用財政結餘是一種可以選擇的財政措施，但是即使動用真實的財政結餘來彌補當年度的財政赤字，也不一定保證能解決所有經濟問題，例如：1997 年發生的東南亞金融風暴，馬來西亞採取赤字財政政策未能解決當時的經濟問題，這在一定程度上證明了這一點。因此在全球開放經濟的現代社會，動用上年度財政結餘以彌補財政赤字不是萬靈丹，必須謹慎為之。

2. 財政發行

(1) 財政發行是指一個國家的貨幣當局為了彌補政府財政赤字而增加的貨幣發行。財政發行具有擴張社會經濟需求的作用。由於財政發行的原動力是政府彌補財政赤字的非市場需求，因此，財政發行容易引起通貨膨脹。

(2) 其實現代市場經濟條件下，多數國家並不採取財政發行的方式解決赤字，而是透過發行公債，取得收入來彌補政府的財政赤字。

3. 發行公債

　　一般來說，以債務收入方式來彌補政府的財政赤字，一般不會對社會總需求產生擴張性的衝擊，因此，較不容易引起通貨膨脹。

學校沒教的財政潛規則

　　我們知道美國的經濟是世界第一，但是根據美國官方資料顯示，2014 年美國國債占 GDP 比重是 71.2%，截至 2019 年 8 月，美國國債的最大債權國是日本，持有 1 兆 1,229 億元，主要原因是美國的財政收入無法滿足美國龐大的社會福利支出，因此只好透過借債方式來彌補財政支出大於財政收入的缺口。

小時事大知識

　　2020 年新冠疫情肆虐下，日本央行為了防止疫情衝擊造成日本長期利率持續上升，於 2020 年 4 月宣布取消每年國債 80 兆日圓的購買上限，並聲明「不設上限購入長期國債，主要在於確保長期利率穩定維持在 0 左右。」

5-5 公債

1. 公債概述

　　一般來說，國家解決財政收支缺口的途徑有三條：(1) 增加稅收；(2) 向銀行透支；(3) 發行公債。

解決財政收支缺口的方法	
(1) 增加稅收	增加稅收，可能影響經濟發展，又要受立法程式的制約，一般來說，因為要多繳稅，也不容易為大多數納稅人所接受。
(2) 透過向中央銀行透支	透過向中央銀行透支來彌補財政赤字，容易造成中央銀行赤字性的貨幣發行，導致通貨膨脹。
(3) 公債	• 公債是政府以稅收為償還保證而舉借的債，因而具有較高的信用，公債的認購通常會遵循自願的原則。 • 一般來說，透過發行公債獲取的資金，基本上是企業或居民個人閒置不用的資金，只是使債權人將其貨幣購買力暫時有償讓渡給政府使用，這樣比較不會對一國經濟發展產生不利影響，這也正是世界多數國家願意利用公債作為彌補財政赤字的主要原因之一。

2. 公債的種類與發行原則

(1) 按發行期

　　可分為短期公債、中期公債、長期公債、永續公債、零息公債。

公債種類	
短期公債	短期公債是指發行期限在 1 年之內的公債，短期公債流動性大，因而成為資金市場主要的買賣對象，是政府調節市場貨幣供應量的重要政策工具。
中期公債	中期公債是指發行期限在 1 到 10 年，政府可以在較長的時間內使用這筆資金，中期公債在許多國家占有重要地位。

長期公債	長期公債是發行期限在 10 年以上，其中包括永久公債或零息公債，但由於發行期限過長，持券人的利益會受到幣值和物價波動影響，因此票面利率比短期公債與中期公債的票面利率高，各國實務上，長期公債的推銷往往比較困難。
永續公債	是一種沒有到期日期的債券。永續公債按期支付債息直到永遠，發行人不一定要贖回。永久債券產生永遠的現金流而且是永久性的。因此，永續債券可被視為一種股權，而不是債務。例如：英國曾經發行的「consols」（統一公債），即為永續債券。
零息公債	(1) 零息公債是只有在到期日才能領取本金和一次性支付利息的債券，也稱為到期付息債券。 (2) 零息公債券收益率如何計算 零息公債的收益率（R）是表示例如：到期 100 元公債每年可獲多少利息。零息公債收益率（R）與三個因素有關：(a) 買進時點的價值（A1）；(b) 買進的日期距離到期日的時間距（換算為年來計算），用 △T 表示；(c) 公債到期日可領取的本金與利息總和（A2）。例如：如果買進的是按面額發行的國債，則零息公債的收益率如下： $$R = \frac{A2 - A1}{A1 \times \triangle T}$$

(2) 公債與國債是否相同

國債類型

2. 記帳式國債
是利用帳戶透過電腦系統完成國債發行、兌付的全過程，又稱為「無紙化國債」。

1. 可轉讓國債
包括記帳式國債和無記名國債。其中憑證式國債：是指國家採取不印刷實物券，而用填制「國庫券收款憑證」的方式發行的國債。

公債有時也稱為國債，在法律不允許地方政府借債的國家，這兩個概念所指的標的是一致的，即都是指中央政府因為借債所發行的債券。但是在允許地方政府舉債的國家，一般只把中央政府的借債稱為國債，地方政府的舉債稱為地方債。

公式：公債＝國債＋地方債

3. 公債的財政效應

(1) 公債融通是一國籌集建設資金的重要方式，特別對於開發中國家，一些投資大，建設週期長的專案，如能源、環保、交通等基礎設施，往往是制約國家經濟發展的瓶頸，對這類專案，企業與個人可能無力投資或是因為風險太高而不願意投資，這時就需要國家來承擔投資建設的重責大任，否則經濟發展將缺乏持續的動力。

(2) 國家積累建設資金，稅收是重要手段，但是，任何國家都不太可能依靠單一稅收方式去完成積累國家建設資金的任務，一般來說，公債籌資較銀行吸納儲蓄，具有信用可靠、風險低、穩定性強等優點。

(3) 但是，公債規模要受政府償債能力的制約，吾人對公債彌補財政赤字的功能不能絕對化，不能把公債視為醫治財政赤字的萬靈丹，因為，一旦財政赤字過大，形成債台高築，將來還本付息的壓力又會導致財政赤字的進一步擴大，互為因果，最終導致財政收支的惡性循環。

大神突破盲點

公債的調節經濟作用

　　公債用於生產，將擴大社會積累規模，改變原有的投資與消費比例。用於公共消費，將擴大社會的消費規模，用於彌補財政赤字，便是平衡社會總供給與總需求關係的過程，短期公債，可以作為中央銀行進行公開市場操作的手段，更是調節一國社會貨幣流通量的重要財政工具。

5-6　李嘉圖等價定理

1. 李嘉圖在認為政府為籌措戰爭或其他經費方面，不論採用徵稅還是發行公債，兩者的影響是等價的。

2. 李嘉圖等價定理假設政府以增加國債、增加財政赤字等方式，讓政府可以在現在就增加財政支出，這暗示了政府勢必在將來某一天要提高租稅，以便償還債務。一個理性的人民，若知道自己將來要付出更高的稅負，現在便會開始存款，以便應付將來增加的稅負支出。

3. 如果人民現在就減少自己的支出，增加存款，並將存款拿去投資，或是購買政府發行的債券，這個結果等同於政府現在就以提高租稅的方式來取得現金，這就是李嘉圖等價定理。

4. 李嘉圖等價定理的核心在於：公債不是淨財富，政府無論是以稅收形式，還是以公債形式來取得公共收入，對於人們經濟選擇的影響是一樣的。換句話說，財政支出無論是透過目前徵稅，還是透過發行公債籌資，沒有任何區別，即「公債無非是延遲的稅收，債務和稅收是等價的」。

國家解決財政收支缺口途徑

增加稅收

向中央銀行透支

公債

國庫

105

5-7　公債的負擔

1. 公債負擔的三個面向

(1) **債權人的負擔**：公債作為認購者資金使用權的讓渡，這種讓渡是暫時的，由於在公債償還之前，認購者不再擁有資金使用權，對他的經濟行為基本上會產生一定程度的影響。

(2) **債務人政府**：政府借債是要償還的，到期要還本付息，所以政府借債要考慮到自身的負擔能力。

(3) **納稅人負擔**：即不論公債資金的使用方向如何，還債的資金來源，最終還是稅收，國家或地方債等公債，最終還是必須由納稅人負擔。

公債負擔示意圖

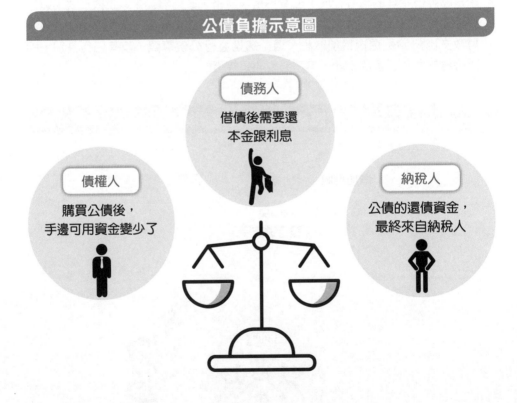

債務人
借債後需要還
本金跟利息

債權人
購買公債後，
手邊可用資金變少了

納稅人
公債的還債資金，
最終來自納稅人

2. 公債只是手段

　　隨著 20 世紀 30 年代經濟大衰退的爆發，在公債理論上，大多數經濟學家對公債的態度開始由否定轉向肯定，產生了所謂的公債新理論，其中代表人物是凱因斯。在公債是否為負擔的問題上，凱因斯根據政府借債與個人或家庭借債完全不相同的假定，提出新的觀點。他認為，個人或家庭的理財習慣和政府職責本質上不同，預算平衡對於個人或家庭來說十分必要，但是對政府來說，只是解決經濟問題的手段，並不是最重要的目的。

公債只是解決經濟問題的手段

公債對政府來說，只是解決經濟問題的手段，並不是最重要的目的。

3. 公債的負擔轉嫁

　　美國經濟學家馬斯格雷夫（Musgrave）認為，把當代公債的負擔轉嫁到下一代是「公平合理的」。因為下一代所獲得的物質財富是現在這一代的遺產，他們應該要為了因公債償還而產生的高稅收，在財政上做出貢獻。

4. 衡量公債的規模的指標

(1) 公債負擔率	• 衡量公債的規模的指標是指某一期的公債累積額占同期國內生產總值的比重，或是當年公債發行額或公債餘額占 GDP 的比重，用公式可以表示為： $$公債負擔率＝\frac{當年公債發行額或公債餘額}{當年國內生產總值}×100\%$$ • 公債負擔率愈高，說明政府的借債行為對國民經濟活動影響較大。 • 一般認為，公債負擔率低於 60%，國民經濟是可以承受的。
(2) 償債率	• 是指當年公債還本付息額占當年度財政收入的比重，公式可以表示為： $$償債率＝\frac{當年公債還本付息額}{當年度財政收入總額}×100\%$$ • 一般認為，若該指標不超過 10%，算是正常。
(3) 公債依存度	是用來說明財政支出中，有多少是依靠公債來實現支出的，通常是以一個國家當年的公債發行與財政支出的比例衡量。公式可以表示為： $$公債依存度＝\frac{當年公債發行總額}{當年財政支出總額}×100\%$$ 債務依存度過高時，表示財政支出過多依靠債務收入，恐怕對未來的財政平衡構成潛在威脅。
(4) 公債擠出效應	公債擠出效應是指政府發行公債所引起的民間消費或投資減少的排擠作用。

大神突破盲點

　　或有債務：是指由某一或有事項引發的債務，但是否會成為現實，要看或有事項是否發生以及由此引發的債務是否最終要由政府來承擔。

　　隱形債務：是指可以反映一國公眾或社會利益集團對政府造成正當壓力或是尋租（rent-seeking）壓力（所謂尋租壓力是指政府官員收受廠商行賄，故意抬高決標價，圖利尋租廠商）的潛在債務。

5-8 我國《公共債務法》對政府向外舉借行為的規範

1. 公共債務定義（Public Debt Act）	公共債務，是指中央、直轄市、縣（市）及鄉（鎮、市）為應公共事務支出所負擔之下列債務： (1) 中央公債、國庫券、國內外借款及保證債務。 (2) 直轄市、縣（市）公債、庫券及國內外借款。 (3) 鄉（鎮、市）國內外借款。
2. 流量限制	中央未償還債務餘額（欠）不得超過前三年名目 GDP 的 50%。
3. 強制還本	為強化債務管理，年度還本數中央及直轄市不得低於當年度稅課收入的 5%。
4. 庫款調度	庫款調度（一年期以下短期舉借）不得超過年度總稅額歲出的 30%。

　　《公共債務法》訂明具有自償性計畫的舉借不受上述限制；但是否具有自償性並未有明確規範，如果未經獨立公正機構認定，恐將導致《公共債務法》上限的規範形同虛設，造成濫用。

5-9 國債鐘

　　國債鐘（National Debt Clock）是一個告示牌大小的累加制點陣顯示器，它是以持續更新數據，顯示目前美國國債總額以及每一個美國家庭所負擔的債務金額。美國國債鐘目前設置地點在紐約曼哈頓。

美國國債鐘

拍攝時間為2010年4月2日

　　台灣也於 2010 年 12 月起，固定於每月 7 日公布截至上月底最新國債訊息於財政部網站首頁暨財政部正門及側門電子看板，公布內容包含「中央政府 1 年以上債務未償餘額」、「中央政府短期債務未償餘額」及「平均每人負擔債務金額」等三項重要資訊。

台灣國債鐘

拍攝時間為2015年5月　　（來源：自由時報）

5-10 債務置換

1. 主要是指一國以債務置換方式解決地方債問題，即將原本地方融資平台所發行的債務（主要包括理財產品、銀行貸款等利率高而期限短的債務）轉換為地方政府發行期間較長而利率較高的債券。

2. 債務置換就是借新債、還舊債，將部分高利率、短期限的債務轉換為低利率、長期限的債務，以減輕政府的公債利息負擔，此外，這也可以使原本較不透明的地方融資平台債務透明化，但是地方債問題並不一定因此而能獲得根本性的解決。且債務置換就是借新債、還舊債，將可能風險轉移給個人投資者。

小時事大知識

　　2015 年中國大陸經濟成長下滑壓力開始出現，地方政府財政收入增速放緩，讓地方政府把高利率的短期貸款轉換為成本較低、期限更久的地方債券，以保障各項建設融資與資金鏈不致斷裂，進而減輕地方政府的利息負擔，這便是一種財政上的債務置換。2015 年有 3.2 兆人民幣的債務置換，2016 年置換 4.88 兆人民幣，成長 52.19%，2016 年 11 月中國公布「地方政府性債務風險應急處置預案」，除明確地方政府對自行的舉債有償還責任，中央實行不救助原則，並對地方債務高風險地區實施財政重整。要求除必要的基本民生政策支出和政府有效運轉支出，各地方政府其他財政支出應保持零成長。

5-11 代際核算

1. 英國經濟學家 Kotilikoff 提出代際核算理論（generational accounting），認為一個人的經濟福利取決於個人一生的收入。因此，評價財政政策，不應只關注某一年的稅收和支出，而應以人們在一生中所繳納的稅收和得到的轉移支付衡量。

2. 簡單來說，代際核算計算出每代人一生要交納的稅收的現值，減去其一生能享受的政府支出的現值。

大神突破盲點

　　與代際核算理論相關的恆常所得理論（permanent income theory）是由 Milton Friedman 所提出，他認為消費者做出的消費選擇模式，不是由暫時的所得收入來決定，而是根據消費者的永久收入（permanent income）的思維來決定，這其中也含課稅後的可用所得概念。

Barro 提出租稅平滑理論（tax smoothing），他認為要使課稅維持最小的超額負擔，應該要讓各期稅收占 GDP 的比例相等，如果發生短暫性財政赤字或盈餘，應透過公債來調整，而不宜用租稅負擔來調節財政上的需求，方能達到最低超額負擔。

證明如下：

$$
Min\ Y_i f\left(\frac{T_1}{Y_1}\right) + \frac{Y_2 f\left(\frac{T_2}{Y_2}\right)}{(1+r)}
$$ ，表示力求課稅超額負擔極小化

限制條件：

$$
Y_1 - Y_1\left(\frac{T_1}{Y_1}\right) + \frac{Y_2 - Y_2\left(\frac{T_2}{Y_2}\right)}{(1+r)} = C_1 + \frac{C_2}{(1+r)}
$$

拉格拉斯函數為：

$$
L = Y_i f\left(\frac{T_1}{Y_1}\right) + \frac{Y_2 f\left(\frac{T_2}{Y_2}\right)}{(1+r)} + \lambda\left[Y_1 - Y_1\left(\frac{T_1}{Y_1}\right) + \frac{Y_2 - Y_2\left(\frac{T_2}{Y_2}\right)}{(1+r)} - C_1 - \frac{C_2}{(1+r)} \right]
$$

可得出 $f'\left(\dfrac{T_1}{Y_1}\right) = f''\left(\dfrac{T_2}{Y_2}\right)$

故 $\dfrac{T_1}{Y_1} = \dfrac{T_2}{Y_2}$

上述 T_1, T_2 為二期的稅收，Y_1, Y_2 為二期的所得，r 為利率表示要使課稅維持最小的超額負擔，應該要讓各期稅收占 GDP 的比例相等。

台灣中央政府債務未償餘額占 GDP 之比率

會計年度	（一年期以上非自償性債務）債務未償餘額占當年度 GDP 比率
2000	23.7%
2005	29.4%
2010	32.1%
2015	31.6%
2016	31.1%
2017	30.6%
2018	30.2%

主要國家中央政府債務未償餘額占 GDP 之比率

單位：%

年度	台灣	美國	日本	德國	英國	南韓
2013	33.7	96.1	192.7	52.6	96.6	36.7
2014	32.4	96.4	194.4	53.2	107.3	38.4
2015	31.1	96.8	197	50.3	106.4	39.8
2016	30.4	99	195.5	48.6	116.5	40.4
2017	29.8	NA	NA	NA	NA	NA
2018	29.3	NA	NA	NA	NA	NA

　　與其他國家比較，我國的中央政府債務未償餘額占 GDP 之比重，2013、2014、2015、2016、2017、2018 年分別為：33.7%、32.4%、31.1%、30.4%、29.8%、29.3%，與美國、日本、南韓等國相比，仍屬於偏低，仍然控制在安全的範圍內。

　　國際上一般使用國債餘額與本國 GDP 之比重來衡量一國政府負債程度的高低，我們做一個簡單的對比，2016 年日本的比值為 195.5%，遠高於其他國家，而如美國、英國、德國以及南韓的這一比值分別為：99%、116.5%、48.6% 以及

40.4%。與日本較高的負債水平不太相符的現實是：日本國債收益率水平一直很低，遠沒到可能觸發債務危機的水平，從市場投資者看來，日本的國債是低風險的，這就是有名的「日本債務之謎」。

● 我國各級政府債務未償餘額（一年以上非自償性債務）近況 ●

單位：台幣，百萬元

年度	總計	各級政府債務未償餘額占當前 3 年 GDP 比率	中央債務未償餘額	地方債務未償餘額
1991	3,048,535	31	2,759,386	289,149
2014	6,094,887	41.4	5,275,644	819,243
2015	6,129,840	39.8	5,296,410	833,430
2016	6,212,546	38.4	5,343,629	868,917
2017	6,211,168	36.6	5,357,501	853,667
2018	6,238,245	35.6	5,380,096	858,149

我國公共債務未償還餘額仍屬安全範圍內

　　觀察台灣近 5 年來各級政府總計占當年度 GDP 之比率發現，1991 年各級政府債務未償餘額（一年以上非自償性債務）占當年度 GDP 比率為 30.1%，到 2014 年、2015 年、2016 年、2017 年、2018 年該比率分別為 37.5%、35.9%、35.4%、34.5% 與 34%，變化不大。由於 1991 年 GDP 為 10,119,429 百萬元，到了 2018 年，GDP 已經增加到 18,342,891 百萬元。整體來說，政府債務占 GDP 比重變化不大，其中，中央債務未償餘額占平均全體債務未償餘額 86%，地方債務未償餘額占平均全體債務未償餘額 14%。根據我國現行《公共債務法》規定，中央、直轄市、縣（市）及鄉（鎮、市）在其總預算、特別預算及在營業基金、信託基金以外之特種基金預算內，所舉借之一年以上公共債務未償餘額預算數，合計不得超過行政院主計總處發布之前 3 年度名目國內生產毛額平均數之 50%；目前來看，我國近 5 年政府整體債務餘額占前 3 年度名目 GDP 平均數尚未超過前 3 年度名目 GDP 平均數的 50%，尤其 2018 年債務餘額占前 3 年度名目 GDP 平均數為 35.6%，仍然控制在安全的範圍內。

Chapter **6**

財政支出

6-1 財政支出原則

財政支出原則

01 公平分配原則

02 效益原則

03 「量入為出」和「量需為出」相結合原則

一國在財政支出處理分配過程中,要遵循以下原則:

1. 公平分配原則

財政支出堅持公平分配原則,就是透過再分配糾正市場導致的財富分配不公平狀況,實現社會分配公平,縮小社會貧富差距。

2. 效益原則

財政支出效益原則,是以市場機制發揮基礎性作用為基點的,遵循市場效率原則來安排財政支出,優化資源配置,以最小的社會成本取得最大的社會效益。這個原則包括宏觀和微觀兩個涵義:(1) 從宏觀上來說,要實現社會均衡,達到這一均衡的標準是,政府支出給社會帶來的利益應大於由政府課稅或用其他方式取得收入所付出的代價。(2) 從微觀上來看,要進行成本—效益分析。

3. 「量入為出」和「量需為出」相結合的原則

財政支出是量入為出和量需為出相結合的原則,量入為出的原則是指國家建設規模要與國力相適應,無論是經濟建設、行政設施和改善人民生活水準,都要從現實條件出發,不可超過財力負擔。量需為出是指根據社會經濟發展需要,安排財政支出。當社會總需求嚴重大於總供給時,不能因為當年財政收入多,安排的支出就一定要增加;反之,當社會總需求嚴重不足時,不能因為當年財政收入少,安排的支出就一定減少,反而應該適當擴大財政支出,以刺激經濟發展。政府應該在社會總供給大於社會總需求時增加財政支出;反之則減少財政支出。

6-2 財政支出按經濟用途的分類

1. 按各國實際情形，財政支出依政事別，一般可分為以下九大項：

01	02	03	04	05	06	07	08	09
一般政務	國防	教育科學文化	經濟發展	社會福利	社區發展與環境保護	退休撫卹	債務支出	其他支出

2. 財政支出按經濟用途，主要分為購買性支出和轉移性支出。

(1) 購買性支出	• 購買性支出直接表現為政府購買商品或勞務的活動。 • 購買性支出範圍：包括購買進行日常政務活動所需的商品與勞務的支出，也包括購買用於進行國家投資所需的商品和勞務的支出。 • 購買性支出特點：需遵循等價交換的原則。
(2) 轉移性支出	• 轉移性支出直接表現為資金之無償的、單方面的轉移。 • 轉移性支出範圍：主要包括政府部門用於補貼、債務利息、失業救濟金、養老保險等方面的支出。
(3) 國際貨幣基金會對財政支出的界定	• 按國際貨幣基金會的分類：有職能分類法與經濟分類法。 • 按職能性質分類：政府主要職能活動包括：一般公共服務、外交、國防、公共安全、教育、科學技術、文化體育、社會保障和就業、社會保險、醫療衛生、節能環保、城鄉均衡、農林水利、交通運輸、資源探勘、電力資訊、商業服務、金融監管、轉移性支出等項目。 • 按經濟性質分類：財政支出包括：經常性支出、資本性支出、淨貸款等。

6-3 衡量財政支出的指標

　　衡量財政支出規模的指標有：(1) 絕對財政支出指標，(2) 相對財政支出指標。

01 絕對財政支出指標

　　絕對財政支出指標是指以一國貨幣單位表示的財政支出的實際數額，使用絕對指標可以直觀地反映某一財政年度內政府支配的社會資源的總量。

　　絕對指標是計算相對指標的基礎，從指標的時間序列來看，可以觀察財政支出的動態趨勢變化。

02 相對財政支出指標

　　相對財政支出指標是指財政支出占 GNP 的比重，相對指標反映了一定時期內在全社會創造的財富中，由政府直接支配和使用的數額，由於是相對指標，因此可便於進行國際比較。因為是透過計算財政支出占 GNP 的比重來衡量財政支出規模，剔除了通貨膨脹因素的影響。

影響財政支出規模的因素

經濟性因素

經濟成長影響政府的財力強弱

政治性因素

如政局是否穩定、政府干預政策等

社會性因素

如人口、就業、教育、衛生、醫療、社會保障

6-4 財政支出對經濟的影響

1. 華格納法則（Wagner's law）

(1) 政府支出與國民所得的關係始終是學者們所關切的問題，因為政府支出是否能促進經濟成長，亦或隨著經濟成長，政府規模不斷的擴大，其中的關係一直沒有一定的定論。

(2) 1930 年代的美國經濟大蕭條，凱因斯企圖以增加政府支出來挽救景氣，他認為透過財政政策的介入能影響社會有效需求，對抗景氣循環，刺激經濟增長；在研究政府支出成長方面，1877 年德國財政學者 Adolph Wagner 提出政府活動遞增法則（Law of Increasing State Activity），是最常被用來解釋公共部門的成長與所得的變化關係。

(3) 總言之，所謂的華格納法則是指「政府部門的活動，其重要性會隨著經濟發展或是所得的增加而提高其重要性」。

2. 梯度漸進增長論

英國經濟學家皮考克和魏茨曼於 1961 年出版《聯合王國公共支出的增長》，在對英國 1890-1955 年的財政支出考察之後認為，在一個較長的時期內，財政支出的增長並不是直線型的，而是呈現出階梯性增長的特點。此一觀點稱為「梯度漸進增長論」。

「梯度漸進增長論」的分析假定政府喜歡多支出，人民不願意多繳稅，在正常條件下，經濟發展收入水平上升，以固定的稅率所徵得的稅收也會增長，於是政府支出增長會與 GDP 增長呈現性關係。

不過一旦發生了外部衝擊，例如：戰爭，政府會被迫提高稅率，而在此期間，人民也會接受提高的稅負，這便是所謂的「審查效應」。

但是在危機過去以後，財政支出並不會退回到戰爭以前的水準，一般情況是，一個國家在戰爭結束之後，總會有大量的公債，財政支出會持續很高，這就是所謂的「位移效應」。

3. Musgrave 財政成長理論

Musgrave 認為在整個經濟發展的早期階段，政府投資在社會總投資中占有較高的比重，例如：為經濟發展提供社會基礎設施，包括道路、運輸系統、環境衛生系統，但是，在發展的中期，政府投資還應持續進行，但這時的政府投資只是對私人投資的補充，最後，到了成熟階段，財政支出將從基礎設施支出轉向教育與社會福利支出。

影響財政支出規模的因素		
01 經濟因素	**02** 政治因素	**03** 制度面因素

1. 經濟因素

(1) 經濟發展水準的提高使得 GDP 不斷增加，從而使得稅基不斷擴大，財政收入增加，此為財政支出規模的擴大提供了可能。

(2) 另一方面隨著經濟發展與社會財富增加，私人財富增多，使得政府透過發行公債方式籌資擴大支出的有效性與容易程度，相對增加。

2. 政治因素

(1) 在傳統自由市場經濟條件下，政府只需履行著「守夜人」的角色，政府職能主要集中在國家安全與司法治安警察等方面。對私人生產經營活動，極少干涉。

 學校沒教的財政潛規則

　　每逢選舉容易產生的政黨政策性買票，扭曲了市場原本的機制，浪費納稅人辛苦繳庫的錢，2019 年通過的《財政紀律法》，規定政府歲入、歲出、差短與債務，皆應不受政治選舉因素影響，可以使財政運作更加透明化，未嘗不是好事一樁呢？

(2) 隨著資本主義興起，貧富差距擴大、市場失靈發生，社會普遍意識到政府應該干預經濟，政府職能的擴大，導致財政支出規模的進一步增長。

(3) 依政治面解釋，選舉頻率愈高的國家，其公部門規模擴張愈快，理由很簡單：這是因為選舉愈多，朝野政黨愈容易陷入競相提出「減稅或增加支出」的選舉支票以求當選的迷思之中。

3. 制度面因素

強調政府層級的制度結構（中央與地方政府關係以及財政中央集權程度）是公部門規模擴張速度的決定因素。Downs（1964）以及 Niskanen（1971）認為政府官僚體系存在自我擴增（self-aggrandizement）的內在機制。只要各級政府自主程度愈高，且缺乏單一機構控制政府支出，則此種支出的自我擴增現象愈加顯著。

實行高福利政策國家，其政府支出占 GDP 的比重較高，例如：瑞典實行高福利政策，其政府支出占 GDP 的比重遠高於其他國家。

我財政想問

Q 租稅努力與租稅輸出是財政專有名詞，定義有何不同？

A 1. 租稅努力是指一國實際徵收的稅額占「應收稅收」的比例，所謂「應收稅收」指的是財政需求，就是一國中央政府衡量補貼地方金額大小的指標，如果地方租稅努力愈高，獲得中央政府的補助便愈多，如此可以激發地方政府自行籌措財源。

2. 租稅輸出是指某一個地方的公共財支出是由非該地區的人民所繳納，例如：日本的大阪地方政府自 2017 年起，向飯店住客徵收「宿泊稅」，紐西蘭自 2019 年對外國觀光客徵收觀光稅；因此造成本地居民得以較低的成本享受較多的公共財。

1. Downs 的財政支出理論

(1) Downs 認為公共財具有不可分割性（non-divisible），使得政府支出的成本與效益之間無法產生一對一的對應關係，這一來導致民間部門對支付政府提供服務所需成本的感受，遠大於享受公共財所產生效益的感受，進而限制政府支出擴張。

(2) Downs 也指出為了爭取選票，參選政治人物通常會提出減稅或增加政府支出等政見，導致民主社會的公部門規模以及財政赤字日益擴大。

(3) Downs 認為現代民主社會，公私部門所占資源比重決定於民意機關的角色與態度。選舉過程中，政黨間的競爭會讓政府支出項目增加以及預算支出規模擴大，而執政政黨的意識型態亦會影響公部門規模。

2. Buchanan and Wagner 的財政支出理論

　　Buchanan and Wagner（1977）指出：依財政面解釋，間接稅比重愈高或社會保險民間負擔比重愈高的國家，其公部門規模擴張得愈快。這是因為相較於直接稅，民眾對間接稅排斥性較低，較不覺得政府擴張支出是從自己口袋課稅拿錢去用，容易造成財政幻覺。

3. Hibbs 左派政府與公部門規模論

　　Hibbs（1978）研究發現，左派政黨較支持政府在所得重分配上扮演更重要的角色，以及較偏好政府對市場經濟的管制與規範，故左派色彩愈濃的政府，其公部門規模擴展得愈快。

財政支出理論

Downs：
爭取選票導致
支出擴張

Buchanan and
Wagner：
間接稅造成財政幻覺

Hibbs：
左派色彩影響
公部門規模

6-7 稅式支出

1. 美國哈佛大學教授 Stanley Surrey 於 1967 年提出「稅式支出」（Tax Expenditure）的概念。是指國家為達到一定的政策目標，在稅法中對正常的稅制結構有目的地根據稅收制度的各種優惠規定，對於某些特定納稅人或課稅對象的稅收優惠，以發揮稅收激勵或稅收照顧的作用，對正常稅制結構的減免會導致國家財政收入的減少，構成了財政上的稅式支出。

2. 稅式支出屬於財政補貼性支出。其形式主要有起徵點、稅收扣除、稅額減免、優惠退稅、優惠稅率、盈虧互抵、稅收抵免、稅收遞延和加速折舊等。

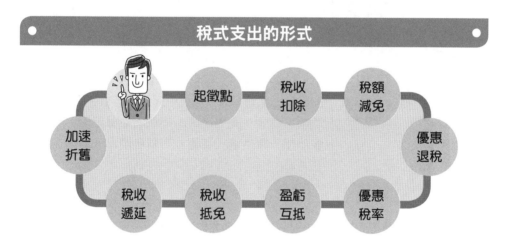

稅式支出的形式

起徵點　稅收扣除　稅額減免　優惠退稅　優惠稅率　盈虧互抵　稅收抵免　稅收遞延　加速折舊

3. 中央政府所提的稅式支出法規，要確定不會對租稅慣例造成傷害，並需要隨時評估延續或新增租稅優惠的必要性。

4. 稅式支出相當於政府主動放棄一部分原本應該收取的稅收，例如：投資抵減扣除額、新興重要策略產業、利息所得扣除額的提高，造成了稅收的減少。

5. 台灣的財政機關定義稅式支出是指稅法給實務上的稅式支出，是指像是軍人、農民等特定身分或團體，由政府給予一定的租稅減免，其中以所得稅的減免項目最多，包括儲蓄投資特別扣除額、營所稅對於企業資源回收或是研究發展所給予的租稅減免，都屬於稅式支出。

6. 稅式支出的逆向效果與對「非享受用稅式支出優惠」納稅人的排除，增加了新的分配不公，事實上大部分的稅式支出，都是政府特定時期對特定產業，尤其是高科技產業的優惠政策。

6-8 財政補貼

1. 財政補貼的定義

01 財政補貼是一種影響財貨相對價格關係,從而改變資源配置結構、供給結構和需求結構的政府無償支出。

02 國家為了實現特定的政治經濟目標,對指定事項由政府安排對企業或個人提供的一種補貼。各國現行財政補貼主要方式有價格補貼、虧損補貼、個人生活補貼和利息補貼等。

03 補貼的對象有企業、居民。補貼的範圍包括工業、農業、商業、交通運輸、建築、外貿等國民經濟各部門,和生產、流通、消費各環節、居民生活各方面。

2. 財政補貼的主體可分為:中央財政補貼和地方財政補貼。

(1) 中央財政補貼列入中央財政預算,是指中央政府財政部門對於所屬國營事業虧損的補貼。

(2) 地方財政補貼列入地方財政預算,是指地方政府負責對於所屬地方公有事業單位虧損的補貼,例如:台北市政府對於台北市立美術館或是台北市立動物園可能的財政補貼。

小時事大知識

　　我國現行《中央對直轄市及縣（市）政府補助辦法》第 8 條規定，中央對直轄市、縣（市）政府的計畫型補助款，應按財力級次給予不同補助比率，除了台北市政府列為第一級外，其餘直轄市及縣（市）政府應依最近三年度決算審定數的自有財源比率的平均值為其財力的補助指標。

　　根據該法第 12 條規定，直轄市、縣（市）政府有得徵收的財源而不徵收之情形，中央應視實際情形酌予減列或減撥補助款。

6-9 財政透明度

1. 財政透明度是由 George Kopits 和 Jon D. Craig（1998）等人所提出，主張政府必須適時地向人民公開有關政府公共治理的財政收支情形，包括制度、會計、債務、短中長期財政收支情況與預測的透明化。

2. Merton Miller（1994）指出部分政治人物容易出現誤導傾向和出於政治人物或政黨自身利益的考量而使預算變得模糊。

3. 但是 Alesina 與 Perotti（1996）認為政治人物不會有動力採納最透明的措施，North（1990）認為透過政黨之間競爭，可以產生理想財政治理模式，他認為政治競爭與財政透明度之間是正向關係。

4. J. Fetejohn（1990）主張現任政府透過計畫，有限度地公開財政治理訊息，製造財政不透明，可以在政治上保證其占據有利的執政地位優勢；換句話說，財政透明度愈低，在野黨對於國家政權的「奪權成本」就愈高。

財政私房菜

　　2003 年時全國鄉鎮頻頻向中央喊窮要錢，當時的學者林全博士指出，地方政府不應抱持「人無橫財不富，馬無野草不肥」的心態向中央爭取財源，而應該先尋求開源節流，中央對地方財政補助應遵循「地方不要不會少，要多不會更多」的分配原則。

財政支出在財政透明度的探討理論

North（1990）	J. Fetejohn（1990）	Merton Miller（1994）	Alesina 與 Perotti（1996）	George Kopits 和 Jon D. Craig（1998）
政黨競爭可以促進財政透明度！	財政不透明會有利於執政黨！	政治人物可能為了自身利益誤導大家！	政治人物沒有動力透明！	政府應適時向人民公開公共治理財政收支狀況！

6-10 重要名詞補充

1. 財政分權與其對公部門規模的影響

(1) 在財政分權（Fiscal federalism）體制下，地方政府擁有較多的財政自主權，官僚體系自我擴增現象最為顯著，例如：採行聯邦制的國家，公部門規模擴張的速度比較快。

(2) 依 OECD 國家資料顯示，財政中央集權程度與公部門規模擴張速度並沒有一定的正向關係。

我財政想問

Ⓠ 哪些情況下，公共支出應由中央政府統一執行？

Ⓐ 就地方政府公共支出縮減而言：

　1. 倘政府支出受益範圍普及全國。

　2. 各地區居民偏好愈具有同質性。為避免各地方政府因為租稅競爭，造成 A 地區居民用以足投票（foot voting）方式遷移至能提供較佳品質公共財的 B 地區，於此情況下，可由中央政府來統一執行公共支出計畫。

2. 擠出效應（Crowding Out Effect）

(1) 排擠效應是指社會財富的總量是固定的前提下，政府這邊占用的資金過多，會使私人部門可占用資金減少，經濟學將這種情況，稱為財政的「擠出效應」。

(2) 政府透過向公眾（企業、居民）和商業銀行借款來實行擴張性的財政政策，引起利率上升和借貸資金需求上升的競爭，導致民間部門（或非政府部門）支出減少，從而使財政支出的擴張部分或全部被抵消。民間支出的減少主要是民間投資的減少，以及消費支出和淨出口的減少。

3. 汲水政策（Draw Water Policy）

(1) 汲水政策是指在經濟蕭條時，靠政府付出一定數額的公共投資，促使經濟自動恢復其活力的政策。其屬於臨時應急的短期財政政策，時滯較短，效應呈

現較快。

(2) 汲水政策特點

它是以市場經濟所具有的自發機制為前提，是一種誘導經濟復甦的政策；以擴大公共投資規模為手段，啟動和活躍社會投資；如果經濟蕭條的狀況不再存在，這種政策就不再實行，可見它是一種短期財政政策。

4. 財政懸崖（Fiscal Cliff）

財政懸崖一詞是由美國聯準會主席 Ben Bernanke 提出，主要是指美國2012 年底，政府多項減稅優惠措施自動到期，同時國會也將執行削減赤字機制，雙重打擊下，使得美國 2013 年財政赤字如同懸崖般直線下降，不僅政府支出預算縮水，人民的稅負也大幅提升。其用以形容在 2013 年這一「時間節點」上，自動削減赤字機制的啟動，使得政府財政開支被迫突然減少，使支出曲線看上去狀如懸崖，故稱為「財政懸崖」。

財政懸崖示意圖

財政懸崖，2012 年美國減稅優惠措施到期，加上財政支出緊縮，導致當時美國個人消費急劇減少。

5. 財政競爭

　　是指一國國內地方政府間為了增強本轄區的經濟實力、提高轄區內的社會經濟福利，以財政為手段所進行的各種爭奪經濟資源的活動。

6. 財政支出彈性係數

　　財政支出彈性係數是指，年度財政支出變化率與年度國內生產總值變化率的比值。

7. 財政支出邊際係數

$$財政支出的邊際係數 = \frac{財政支出增加額}{國民生產總值增加額}$$

8. 補償政策

(1) 補償政策是指政府有計畫地從當時經濟狀態的反方向上調節經濟變動的財政政策，以實現穩定經濟波動的目的。

(2) 是一種全面干預的政策，其內容不僅包括公共投資，還有稅收、轉移支付、財政補貼等。

大神突破盲點

　　政府對高所得者課稅是天經地義，為何還要對年所得 600 萬元以上的富人，再給予類似「稅式支出」形式的薪資扣除額與標準扣除額呢？豈不是自相矛盾嗎？需要適用薪資扣除額與標準扣除額的對象，其實應限定年所得在一定金額以下者（例如：200 萬），才有意義；否則政府稅捐單位一方面對富人課稅，一方面又同意富人從申報所得中扣除薪資扣除額與標準扣除額，這樣不但不符合租稅垂直公平原則，更凸顯股利所得分離課稅圖利富人的老問題。

Chapter 7

稅收制度

7-1 稅收從自然屬性到法律形式

財政私房菜

　　2018 年稅改方案三讀通過，大家關注包括大幅調高標準扣除額、薪資、身心障礙及幼兒學前特別扣除額等，但還有兩項值得注意的重點：將個人持有股票的股利所得單獨分離課稅 28% 後，不再併入個人綜所稅合併其他十類所得課稅，以及將個人所得稅最高邊際稅率，由現行 45% 降為 40%。首先，股利所得分離課稅，股東個人未來雖不再享有股利所得減半扣抵當年度綜所稅減免優惠，但股利所得不併入個人其他十類所得合併申報個人所得稅，並適用累進稅率納稅，恐怕牴觸了包括所得等直接稅目應集中不應分離課稅，並應依累進稅率原則課稅的租稅金律。

1. 稅收就是國家不付任何報酬而向居民取得的東西，但是誰也不願意把自己辛苦的勞動所得或財富的一部分拿出來白白送給國家，如此，從客觀上就需要一種徵納雙方都必須遵守的「法律制度」來規範政府與人民徵納雙方的稅收關係，既能保證國家資金需要和有關政策的實施，又能夠維護納稅人的權益，可以使徵納雙方在課稅的過程中有法可依，有章可循。對稅收的自然制度加以法制化，形成了稅收制度的人為屬性。
2. 所以，稅收就是一個課稅主權之下，由稅種體系、各種稅收法律制度，以及徵納管理辦法所組成的聚合體，它具有自然屬性和人為屬性。
3. 稅收制度存在於一定社會型態下，隨著生產力與經濟發展階段不同，舊的稅收制度可能與之不相適應，那麼舊有的稅收制度就會阻礙生產力的發展，例如：台灣早期的屠宰稅或筵席稅，後來隨著時代的演進而取消。因此，稅收制度需要不斷地改革與完善。

稅收制度類型是指一國徵收一種稅,還是多種稅的稅收制度,主要包括:

1. 單一稅制	即在一個稅收管轄範圍內,只徵收一種;由於單一稅制有種種缺陷,從財政上來看,因為收入少,彈性小,因此,目前各國大都沒有實行過單一稅。
2. 複合稅制	即在一個稅收管轄範圍內,同時徵收兩種以上的稅;就財政收入來說,稅源大,彈性大,因此,複合稅制是一種比較科學的稅收制度。

單一稅雖然名目稅率是固定,但是設計時,可以搭配免稅額等項目,實際繳納時,減除免稅額後的實質稅率,實質稅率仍然有累進的效果,也符合「量能課稅原則」。

 單一稅率在什麼情況下,成為累進稅率

假設每人免稅額 10 萬,名目稅率 20%,不計算其他扣除額、稅額抵減、退稅額,則實質稅率會由名目的單一稅率成為累進稅率如下:

單一稅的稅基	應納稅額	實質稅率	名目稅率
100,000	0	0	20%
150,000	10,000	6.67%	20%
200,000	20,000	10%	20%
250,000	30,000	12%	20%

7-3 稅制的結構

1. 稅制結構的時代變遷

01
直接稅制階段

在農業經濟時代，土地成為產生純收益的泉源，地租是收益的絕大部分，當時的稅收，大部分是以土地收益稅這種直接稅為核心。

02
間接稅制階段

當社會生產力由農業時代，發展到工商經濟時代，商品的流轉環節大量增加，稅源比較分散，因此，政府開始對貨物及交易徵收營業稅、消費稅等間接稅，才能保證財政收入與租稅公平，因此，這時的間接稅徵收大力興起。

03
現代直接稅階段

隨著工業化社會進程加快，資本主義興起，資本急劇集中，收入分配嚴重不公，因此，進入工業化的資本主義國家，開始把長期實施的營業稅、消費稅等間接稅為主體的稅制結構，變革為以所得稅等直接稅為主體的現代稅制結構。

04
近年來稅制趨勢

近年來，所得稅在工業化國家得到了大力發展，所得稅已經成為大多數發達國家的主體稅，但是，由於所得稅許多人認為有重複課稅之嫌疑，容易抑制人們勞動供給和私人儲蓄，不利於經濟成長，因此，近年來，財政理論界有主張削弱所得稅，建立新型的間接稅，不過間接稅容易導致稅負的轉嫁，造成納稅人與負稅人不是同一人，尤其對窮人不利，比較不符合量能徵稅原則，此為間接稅的缺點。

2. 稅制結構的影響因素

(1) 經濟因素

經濟因素是影響並決定稅制結構的最基本因素，這裡的經濟因素主要是指經濟發展水平，一般來說，直接稅占稅收的比重與一國人均 GDP 呈正向關係。

(2) 制度因素

- 經濟運行方式，可以分為計畫經濟與市場經濟兩大類。

- 在計畫經濟條件下，商品價格與工資多半是由政府計畫制定，政府多半運用間接稅來彌補計畫價格的缺陷。至於工資已經受到計畫控制與調節，所以在計畫經濟下沒有必要運用所得稅進行所得分配的調節。

- 在市場經濟下，價格由市場供需決定，一般多能有效地調節商品供需，因此，在一般情況下，沒有必要運用間接稅，例如：消費稅進行調節，但是由於工資差異引起的收入差異，在市場經濟下，有必要透過累進所得稅制對工資進行市場調節。

- 所以，在計畫經濟條件下，各國偏重實施間接稅；在市場經濟條件下，則傾向於採行所得稅。

(3) 政策因素

不同的政策目標對稅制結構有著不同的影響，累進的所得稅對於公平分配的調節功能要比其他像是消費稅等間接稅更為有效，所以從稅收公平性考慮，應該實行以累進所得稅為主體的稅制結構。不過從徵稅的簡便性考慮，卻是應該實行以比例性間接稅為主體的稅制結構。

(4) 管理因素

經濟發達國家因為徵收管理水準較高，大多採行所得稅制為主體的稅制結構，開發中國家因為徵收管理水準較低，大多採用間接稅為主體的稅制結構。

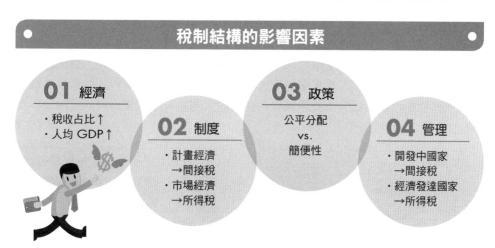

稅制結構的影響因素

01 經濟
- 稅收占比↑
- 人均 GDP↑

02 制度
- 計畫經濟 →間接稅
- 市場經濟 →所得稅

03 政策
公平分配
vs.
簡便性

04 管理
- 開發中國家 →間接稅
- 經濟發達國家 →所得稅

1. 稅收的效應

(1) 稅收的收入效應	是指由於政府徵稅減少了納稅人的可支配收入，從而降低納稅人對商品的消費量與購買力。
(2) 稅收的替代效應	是指政府徵稅改變了納稅人經濟活動的機會成本，使納稅人放棄這種經濟活動而代之以另外一種經濟活動的效應。例如：當政府對不同的商品實行徵稅或是不徵稅，重稅或是輕稅的差別待遇，會影響商品之間的相對價格，使納稅人減少對徵稅或是重稅商品的購買，改以無稅或是輕稅來替代徵稅或是重稅商品。

稅單一來，我的收入被政府拿去一大半，只好降低消費，開源節流。

收入效應

打高爾夫被收的稅太多了，這週還是改看電影好了。

替代效應

2. 稅收對勞動供給的影響

(1) 稅收對勞動供給的收入效應	稅收對勞動供給的收入效應：是指徵稅後，減少了個人的可支配收入，促使其為維持既定的收入水準和消費水準而減少或放棄閒暇，增加工作時間。
(2) 稅收對勞動供給的替代效應	稅收對勞動供給的替代效應：是指由於徵稅使得勞動和閒暇的相對價格發生變化，勞動收入下降，閒暇的相對價格降低，促使人們選擇相對價格較低的閒暇以替代工作。

　　稅收對勞動供給的這兩種效應，如果是收入效應大於替代效應，徵稅對勞動供給將產生激勵作用，人們將選擇增加勞動供給。反之，如果收入效應小於替代效應，徵稅對勞動供給將造成淨減少，此時的人們寧可選擇閒暇替代勞動，不願意增加勞動工時。

繳完稅之後，就沒什麼錢了，我還是少出去玩，多接一些工作吧！

收入效應

反正工作的錢也是都被政府收去，我不如就閒在家裡，不要出去工作，還比較好

替代效應

7-5 租稅遵循的迷思

Diego and Luca（2011）等人提出「租稅遵循的迷思」（puzzle of compliance）觀點，是指：儘管逃稅人逃稅後，面對的處罰率與被查到的機率均屬不確定的外生變數，有可能是非常低的處罰率，或是逃稅被查到的機率非常低，但為何許多逃稅人於逃稅後，仍願意主動參加租稅赦免的原因，在於許多納稅人心理上認為合法繳稅在道德上是比較快樂心安的，因為不會擔心被查到。

納稅人應誠實繳稅

租稅遵循的迷思，是指儘管逃稅後，面對的處罰率與被查到的機率均不確定，有可能是非常低，但許多人在逃稅後，仍願意自首補稅，因為逃稅後在道德心理上比較不安。

小時事大知識

依據中國《稅收徵收管理法》第52條規定，對於偷稅、抗稅、騙稅行為，稅務期間可以無限期追徵其未繳或少繳的稅款、滯納金或所騙取的稅款。台灣於2016年通過《稅捐稽徵法》第23條修正，對惡意或鉅額欠稅大戶，延長追稅期5年。

小時事大知識

　　由表中各國實際稅收占歲入的比重有愈來愈高的趨勢觀察，可知近年來各國主要歲入來源仍然是以稅收為主。

各國一般政府賦稅收入占歲入比重							
年別	台灣	澳洲	加拿大	中國	法國	德國	希臘
2010	74.0	79.4	81.0	83.3	85.4	86.6	75.9
2011	73.9	80.1	80.7	86.8	85.8	86.3	75.2
2012	74.7	80.5	81.4	86.1	86.3	86.8	75.3
2013	72.0	80.4	81.1	85.6	86.5	87.1	71.7
2014	76.4	80.8	81.3	85.1	86.6	86.8	76.1
2015	78.0	80.3	82.4	84.1	86.7	87.4	75.4
2016	80.5	80.5	82.8	84.4	86.8	87.8	77.1
2017	79.5	80.4	82.4	NA	87.1	88.2	80.4
2018	80.7	NA	NA	NA	NA	NA	NA

小時事大知識

　　中國多年前施行微信或支付寶，結果造成小偷與乞丐都失業了，在中國許多地方的傳統菜市場，可以隨處見到菜攤旁邊擺放一張微信 QR 碼，買菜的客人只要拿手機對準 QR Code 碼掃描就完成付款，非常方便。另外，因為手機綁定消費，只要在網路系統買賣，一毛稅都跑不掉，所以大大降低逃稅的人數。

　　台灣現行《稅捐稽徵法》查核期間規定，已在規定期間內申報，核課期5年，未於規定期間內申報，核課期7年。

7-6 租稅赦免

1. 租稅赦免（tax amnesty program）係指稅捐機關查核人員在一定期間內提供逃稅者補報其所逃漏稅稅金而給予減輕或是免除處罰的情形。實務上來說，各國租稅赦免依實施次數可區分為一次性、多次或永久性租稅赦免。例如：美國伊利諾州與密西根州均實施過租稅赦免。

2. 多數國家實施租稅赦免計畫，給予自動補報逃漏稅者較輕的處罰，對不參加租稅赦免計畫的逃稅人，應施以重罰，以回復政府被逃稅人侵蝕的原來稅基與稅收。

3. 不過政府短期內實施租稅赦免計畫次數不宜過多，以免造成逃稅人預期心理，稅收反而減少的情形。因為逃稅人會有道德冒險的誘因。

4. 租稅赦免帶來的收入愈多，表示逃稅、漏稅情況愈嚴重，例行報繳的人愈少。

5. 但是，還是有人逃稅後不願意參加租稅赦免，因為害怕參加租稅赦免計畫後，自己以前逃漏稅的訊息會完全被政府知道，要補更多的稅與罰金呢！

租稅赦免使逃稅人願意自動補報

多數國家實施租稅赦免，讓逃稅人有自動補稅減輕罰則的機會。

Q 台灣稅法也有租稅赦免嗎？

A 依照台灣現行《稅捐稽徵法》第 48 條之 1 規定，納稅義務人自動向稅捐
稽徵機關補報並補繳所漏稅款者，凡屬未經檢舉、未經稽徵機關或財政部
指定之調查人員進行調查之案件，自該項稅捐原繳納期限截止之次日起，
至補繳之日止，就補繳之應納稅捐，依原應繳納稅款期間屆滿之日郵政儲
金 1 年期定期存款利率按日加計利息，一併徵收。

我財政想問

Q 美國與德國的租稅赦免實際成效如何？

A 包括美國、德國及印尼等國家，都曾經實施過租稅赦免，其中，美國實施
的期間最短，只有 3 個月（2003 年 1 月 14 日至 4 月 15 日），而且並無
優惠稅率，採取補稅不罰的方式，吸引不少海外資金回流，增加稅收約
7,500 萬美元。德國於 2003 年立法通過《促進租稅案件誠實申報法》，
規定逃漏稅捐者可在符合一定條件下，提出租稅赦免申報，吸引 1,000 億
歐元回流，政府增加稅收 250 億歐元，成效不錯。

 學 校 沒 教 的 財 政 潛 規 則

　　只要逃稅者是風險趨避者，他們願意接受支付的租稅赦免罰金，例
如：1 萬元，高於政府對逃稅者的查核人力行政成本，則實施租稅赦免可
望增加政府的收入，但是如果納稅人預期到未來不久還會實施租稅赦免，
他們可能會暫時不申報，以求其個別利益極大化。

7-7 租稅誘因

1. 租稅誘因（tax incentives）指政府為了促進經濟發展，提升產業競爭力，或基於政策目的，提供特定政策工具，以增加誘因，達成政策目標，例如：租稅減免、直接補貼等。

2. 依據 1974 年美國國會預算法案，租稅誘因是指聯邦稅法規定，得自所得總額減除之特別免稅所得、免稅額或扣除額，或特別稅額扣抵、優惠稅率，或稅負遞延（a deferral of tax liability），租稅誘因將造成一國的稅收損失。

 學校沒教的財政潛規則

台美租稅減免的比較

　　2017 年美國總統川普減稅有三項重點：降低個人及企業所得稅、廢除遺贈稅及最低稅負、用低稅率吸引境外美國資金回流。

　　在所得稅部分，川普主張把企業營所稅率由 35% 降為 15%；個人稅率課稅級距由七級簡化為三級，最高稅率則由 39.6% 降為 33%；另外，美國企業海外資金匯回美國，只課一次性的 10% 稅率。

　　《台商資金匯回專法》的訂定，基本上是效法美國總統川普「投資美國」的減稅政策，川普的稅改，大幅調降海外資金匯回的稅負，從吸引台商回台投資角度，調降資金匯回的稅率。各國針對境外資金匯回，都只提供企業優惠稅率，鮮少提供個人境外資金優惠稅率，把個人的部分，包在企業裡面，容易讓外界誤認為政府為個人境外資金提供「租稅特赦」，違反租稅公平原則。

1. 稅收中性原則

(1) 新古典經濟學派代表馬歇爾認為，國家課稅會在不同程度上影響資源有效配置，產生稅收超額負擔，其主張凡是影響價格均衡的稅收都是「非中性」的，只有符合中性原則的稅收，才能保持均衡價格。

(2) 提倡稅收中性的目的是要避免稅收對市場機制的干擾和扭曲，讓市場在不扭曲或不受干擾的條件下，調節整個經濟活動的運行。

(3) 稅收中性原則，是指在課徵租稅後，不會使經濟個體出現替代效果，也不會改變經濟行為，且無任何超額負擔發生，如下圖所示。

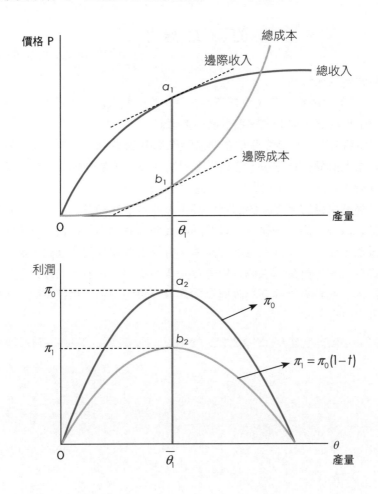

由上圖可知，課徵營利事業所得稅 t，使稅後利潤由 π_0 下降到 π_1，但是課稅僅僅是減低生產者利潤，並未影響生產數量，故可維持租稅中立性。（因為產量還是一樣維持在 $\overline{\theta_1}$ 喔！）

課稅鵝毛說

課稅就像拔鵝毛一樣，富人鵝毛太多，長了一身，還是很熱的，拔幾根無所謂。

2. 亞當 · 史密斯的四大稅收原則

(1) 平等原則	主張所有人民應該要平等納稅，沒有特權。
(2) 便利原則	納稅日期、納稅方法、繳納數額等，都應該讓所有納稅人了解清楚。
(3) 確實原則	納稅日期和納稅方式，應該給納稅人最大的便利性。
(4) 節約原則	最少徵收費用的原則。政府在徵稅時，要盡量節約徵收費用。

3. 李嘉圖的稅收原則

(1) 李嘉圖認為社會一切收入都應徵稅，人們應按自己的財力來負擔稅收；為了公平地徵收稅收，應該建立以工資稅、利潤稅和農產品稅組成的稅收制度。

(2) 李嘉圖認為政府稅收是用於政府支出，因而也具非生產性；他認為最好的財政計畫就是節流，最好的賦稅就是稅額最少的賦稅。

我財政想問

Q 台商資金回流專法是否違反租稅公平？

A 1. 根據 2019 年通過的《境外資金匯回管理運用及課稅條例》，第 4 條指出「個人匯回境外資金及營利事業匯回境外轉投資收益，得選擇依本條例規定課稅，免依所得基本稅額條例、台灣地區與大陸地區人民關係條例及所得稅法規定課徵基本稅額及所得稅，且一經擇定不得變更。」

2. 上述企業匯回「境外轉投資收益」，未來 2 年將可排除《基本稅額條例》「海外最低稅負制」12% 營所稅、《所得稅法》20% 的營所稅，並且排除《兩岸人民關係條例》之適用。

3. 換言之，目前上市櫃公司累計的境外未分配盈餘，未來 2 年內匯回台灣後，如果進行實質投資，將可享有 4% 優惠稅率，即便完全不投資，稅率也將降為 8%，對於台商個人而非企業給予租稅優惠，可能會影響在台納稅人的誠實繳稅意願。

學校沒教的財政潛規則

　　稅法優先原則，指在計算應納所得稅額時，企業財務、會計處理辦法與稅法法規不一致的時候，應當依照稅收法律法規的規定計算，這是《中國企業所得稅法》第 21 條的內容。

小時事大知識

　　2016 年中國大陸「五一」假期前夕，許多國際酒店集團以「營業稅改增值稅」為由，宣布調高客房服務費，以反映成本。因為把營改增的稅轉嫁給消費者負擔，此舉引發議論，便把酒店住房價格調回原來價格。

7-9 碳稅

1. 碳稅（carbon tax）是針對二氧化碳排放所徵收的一種稅。更具體地看，碳稅是以減少二氧化碳的排放為目的，對化石燃料（如煤炭、天然氣、汽油和柴油等）按照其碳含量或碳排放量徵收的一種環保稅。

2. 徵收碳稅的目的在於校正市場失靈帶來的效率損失，以實現資源的優化配置。對經濟增長的影響具有兩面性，一方面：碳稅會降低私人投資的積極性，對經濟增長產生抑制作用；另一方面：碳稅可增加政府收入，擴大政府的投資規模，對經濟增長有拉升作用。

3. 從時間角度考察，短期內碳稅會影響相關產品的價格，抑制消費需求，從而抑制經濟增長，但從中長期來看，碳稅可促進相關替代產品的研發，降低環境治理成本，有利於經濟的健康發展。

對汙染的廠商應課以碳稅

台灣可以比照歐美國家對造成汙染的廠商課徵碳稅，
目前只有對排放汙染的廠商處罰，效果有限。

　　零稅率不同於免稅，免稅是指對某種課稅對象和某種納稅人，免除其本身應負擔的應納稅額。零稅率不僅表示納稅人本次環節課稅對象不納稅，而且納稅人以前各環節轉移過來的稅款亦全數退還納稅人。

　　真正體現零稅率理論上定義的，是增值稅對出口產品實行零稅率，即納稅人出口產品不僅可以不繳納本環節增值額的應納稅額，而且可以退還以前各環節增值額的已納稅款。對出口產品實行零稅率，目的在於獎勵出口，使一國產品在國際市場上能以完全不含稅的價格參與市場公平競爭。增值稅的免稅規定，只是免除納稅人本環節增值額的應納稅額，納稅人購進的貨物和勞務，仍然是含稅的。

小時事大知識

法國黃背心事件與廢除富人稅有關

1. 自 1980 年代起，許多富人本可留在法國投資、創造就業機會，卻為了避稅而遷居他國，這類案例一多，長期來看，無益於法國經濟。

2. 法國「黃背心」，主要就是人民訴求政府恢復富人稅，他們相信，如此才能顯出政府菁英有誠意從「高高在上的法國」走下來，看看平凡百姓的日常生活。

7-11 減低租稅負擔

1. 稅收豁免

稅收豁免是指在一定期間內，政府對納稅人的某些所得身分對象或所得來源不予課稅，或對其某些活動不列入課稅範圍等，以豁免其租稅負擔。例如：外交人員、慈善機構的所得收入可享受稅收豁免。

2. 稅收扣除

是指准許企業把一些合乎規定的特殊支出，以一定的比率或全部比率從應稅所得中扣除，以減輕其租稅負擔。

3. 稅收抵免

是指允許納稅人從其某一合乎獎勵規定的支出中，以一定比率從其應納稅額中扣除，以減輕其租稅負擔。

4. 稅前扣除

是指中國新企業所得稅法第 8 條中，對於稅前扣除的規定：企業實際發生的與取得收入有關的合理支出，准予在計算應納稅所得額時扣除。

小時事大知識

中國 2020 年 1 月宣布豁免美國進口防疫物資關稅

1. 中國依《慈善捐贈物資免徵進口稅收暫行辦法》，自 2020 年 1 月 1 日至 3 月 31 日這段期間實施更優惠的進口稅收政策，對境外捐贈的防疫物資予以免稅，除此以外，衛生健康管理部門直接用於防制疫情的物資也實施豁免關稅，這段期間若已被徵收的關稅將予以退還。防疫物資涵蓋試劑、消毒物品、防護用品、救護車、防疫車、消毒用車、應急指揮車等。

2. 中國對新冠疫情的防範工作以及財政的免稅政策，「進口且原產於美國」的物資將「不實施」對美加徵的報復性關稅，恢復對美「232 措施」的關稅減讓義務，已加徵的關稅同樣也予以退還。

7-12 財政制度

1. 財政聯邦制

財政聯邦制是一種與市場經濟相適應的分權式財政體制類型，它要求中央與地方有明確的職責分工和職權劃分，各級地方政府可以按居民偏好，進行公共決策。

財政聯邦制是對財政分權理論的影響。以聯邦制國家較成熟的澳洲為例，政府間轉移支付制度自 1901 年聯邦政府成立，最後發展成為較典型的均等化模式，按收入和支出的客觀因素，決定均等化撥款的分配。政府實施均等化轉移支付是為解決聯邦政府間的財政不均等問題。

2. 財政集權制

是一種與計畫經濟相適應的集權式財政體制類型，它要求財政職責和財權高度集權於中央政府，地方沒有相等獨立的財政決策權。

財政集權制是一種國家政權的制度，以國家職權統一於中央政府，削弱地方政府財政管理權為標誌，是地方分權的對稱。當今，世界上大多數國家為單一制國家，包括日本、中國，均屬於中央主導的財政集權制度。

大神突破盲點

1. 近年來由於大數據和互聯網工具平台的普及，各國跨境電商如雨後春筍般出現，許多電商透過郵政小包，以化整為零的模式，規避稅負，造成進口國關稅損失。對此，有些國家鼓勵跨境電商交易，有些國家則開始實施嚴厲的監管，例如：俄羅斯對國外網店所寄的包裹加徵 10% 的關稅。

2. 數位經濟最大的特點之一就是虛擬存在。儘管非居民企業在收入來源國沒有設置固定的營業場所，但只要他們利用互聯網、數位技術和電子手段，即可在所得收入來源國境內持續進行實質性的營業活動，與來源國產生緊密有效的經濟聯繫。

3. 美國等國家即認定其在來源國設有「虛擬常設機構」，由此產生的營業所得，應受到所得來源國的優先課稅，以確保租稅公平。另外，對於究竟是構成具有重大意義的銷售活動，或只是準備或輔助活動，也需要各國稅務機關仔細甄別認定。

Chapter **8**

政府預算

8-1 政府預算的概念

財政私房菜

　　截至 2020 年，美國已連續 11 年實現經濟增長。一般在經濟形勢良好的情況下，財政赤字會減少，但美國政府財政赤字卻相反。美國財政部報告指出，截至 2019 年，美國聯邦政府財政赤字已達到 1.07 兆美元，比去年同期高出 19%，占美國國內生產總值的 4.4%。《華爾街日報》指出，赤字擴大主要歸咎於川普政府 2017 年實施減稅，此外，人口老化導致社福支出逐年提升，以及賑災、邊境安全和軍費開支都讓國庫入不敷出。美國財政部長 Steven Mnuchin 於 2020 年 1 月指出，美國政府現在面臨鉅額的預算赤字問題，他強調政府支出規模，不能以當前速度持續擴大。看來川普 2016 年承諾於 8 年內將解決國家債務問題，顯然情勢不容樂觀。

1. 政府預算也稱為國家預算，是指在一個國家範圍內，由各級政府按一定標準將財政收入和支出分門別類地列入特定的表格，透過收支對照表的形式表現出來。可以使得人們清楚了解政府的財政活動。
2. 政府預算的編列，經立法機關審查，可以反映一國政府在一個財政年度內的收支狀況的計畫。
3. 政府預算制度最早產生於 14 到 15 世紀的英國，後來封建貴族階級日趨沒落，新興資產階級的力量逐步壯大，為了取得財政上的支配權，要求政府各項收支必須事先編列計畫，並經過議會審查通過後，才能執行。
4. 到了 20 世紀，世界上幾乎所有的國家都建立了政府預算。因此，對現代多數國家來說，預算制度既是政治民主化進程的一個結果，也是實現政治民主化的基本手段。
5. 就法律面而言，一國的預算可以體現國家財政權。目前《預算法》、《決算法》以及《公共債務法》為我國預算體制的基本法律架構。為了方便國會或民意機關監督，一般政府預算採行「單一預算原則」，即要求所有的政府收支均呈現於同一預算之中。

8-2 政府預算制度的基本性質

政府預算是具有法律效力的文件。

是以預算法的形式規定的。

政府預算編制後，要經過國家立法機構審查後，方能公布並實施。

預算的執行過程受到法律的嚴格制約，未經立法或法定程序，任何人無權改變預算規定的各項收支指標。

通過預算的法制化管理可以使得政府的財政行為置於人民的監督之下。

政府可以根據市場經濟運行狀況，選擇適當的預算總量或結構政策，使用預算手段去彌補市場缺陷，尋求市場經濟穩定成長。

我財政想問

Ｑ 政府預算究竟可不可能理性？

Ａ 凱伊（V. O. Key）在 1940 年的一篇重要文章〈The Lack of Budgetary Theory〉中提出一個基本的預算概念：基於何種理由，政府會將 W 元用於甲計畫而非乙計畫？他認為公共支出的選擇涉及價值偏好的問題，經濟學的概念（如邊際效用）根本無法客觀地運用在預算編制過程中。他主張預算既然是價值選擇的問題，那麼預算並非是「科學」（science）或具有「邏輯」（logic），而是一種「政治哲學」的問題。

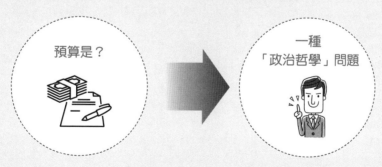

預算是？ → 一種「政治哲學」問題

在台灣早年可見到許多地方機關大樓新建落成,都會在大樓醒目處刻上縣市首長的大名與落成日期,但是修汙水下水道和換自來水鉛管的工程,因為擔心選民看不到「政績」,所以很少地方首長願意去做呢!這也算是另一種「政府哲學」的人性表現吧!

TAXES

LAW AND JUSTICE

8-3 政府預算的原則

早期的預算原則比較注重控制。而後隨著財政收支內容的複雜，各國開始強調預算的周密性，自功能預算理論發展後，政府預算的功能趨於多樣化。現代預算制度產生後，目前被多數國家接受的一般性預算原則，主要包括以下內容：

一般性預算原則

預算完整性 01

預算統一性 02

預算年度性 03

預算公開性 04

1. 預算完整性

   政府的預算包括政府全年的全部預算收支項目，要能完整地反映政府全部的財政收支活動，不能有預算外的其他財政收支。

2. 預算統一性

   預算收支按照統一的程序編列，任何單位的收支都要以總額列入預算，不可以只列入收支相抵後的淨額。

3. 預算年度性

   預算年度有曆年制與跨年制，曆年制是指預算年度從 1 月 1 日起到 12 月 31 日止。跨年制是指一個預算年度跨越兩個年度，例如：美國的預算年度為本年度的 10 月 1 日到次年的 9 月 30 日。台灣的預算年度從 1999 年 7 月 1 日起由半年制改年度制，也就是曆年制，以與世界多數國家一致。

   預算年度又稱財政年度，國家預算有效起止通常是一年，包括中國、匈牙利、

德國、法國、奧地利等國家均採曆年制。

4. 預算公開性

表示預算與決算不僅要經過各級權力機關審核，還需要向社會大眾公開，以便於人民了解政府如何支配納稅人的錢，並監督其使用。

德國諾瑪克（F. Neumark）預算管理八大原則

諾瑪克預算八原則

01 公開原則	預算決算應公開，讓人民了解	**05** 預算明確原則	收支分類，支出來源應明確
02 事前決定原則	預算必須在會計年度開始前，由議會通過	**06** 預算嚴密原則	預算對真正支出具約束力
03 預算限定原則	禁止經費流用，禁止預算超支	**07** 單一原則	國家財政應納入一個預算
04 不相屬原則	任何財政收支，不得發生相連繫	**08** 完全原則	所有收入與支出完全列入預算，維持國家財政完整

路易士（Verne B. Lewis）三大經濟預算原則

1. 相對價值（relative value）

預算是在有限資源下所做的選擇，此種選擇可以相對價值來理性化預算決策，例如：增加 2 億元經費給國防軍備，還是增加給教育經費，要視當時何者比較有價值。

2. 漸增分析（incremental analysis）

利用經濟學「邊際效用」（marginal utility）概念來分析某項預算支出計畫的相對價值。基於「邊際效用遞減」原則，可判斷預算支出項目中，何者是有需要的？何者是過多浪費而無效率的？

3. 相對效能（relative effectiveness）

為了解決預算理論缺乏價值偏好的公分母（common denominator）的問題，路易士發展「相對效能」的概念，作為不同預算支出的公分母。

8-4 政府預算形式與體制

1. 公共預算

(1) 定義：預算編制是對未來一段時間內，公共部門收支進行測算和計畫的活動。公共預算的過程分為預算編制、預算執行和決算。預算執行由本級財政部門負責，包括收入執行、支出資金撥付和預算調整三個環節。

(2) 決算是對預算結果的總結和評價，目的是為了集中反映預算活動的基本情況和政府績效，為編制新的預算提供參考。

(3) 公共預算類型：
- 按照不同的政府級別，公共預算分中央公共預算和地方公共預算。
- 按預算編制程序，公共預算分為臨時預算、正式預算和追加預算。
- 按公共預算內容分合程度，公共預算分為經費預算、公共投資預算、社會保險基金預算等子預算。
- 按照不同的收支管理範圍，公共預算可分為總預算和單位預算。
- 按不同的預算作用時間，公共預算分為年度預算和中長期預算。

我財政想問

Q 政府預算跟單位預算有何不同？

A 政府預算：每一會計年度辦理一次。
單位預算：是指在公務機關，有法定預算的機關單位之預算，例如：教育部、財政部。

2. 按預算編制形式區分

(1) 單式預算

單式預算是政府所有的公共收支計畫透過一個統一的表格來反映，而不區分各項公共收支經濟性質的預算形式。單式預算能體現預算完整、統一、可靠、公開以及年度性的原則要求，簡單清晰，審核時能夠一目了然。

(2) 複式預算

複式預算是指同一預算年度內的全部收入和支出按性質劃分，分為經常預算和資本預算。一般把行政上的經常收支列為經常預算，而把政府的資本投資支出列為資本預算。複式預算能明確揭示財政收支的分類情況。

(3) 零基預算

所謂零基預算是指政府在編制預算時，一切從零開始，對原有的各項開支項目重新進行核定，而不是停留在上一年度預算或審查新增部分上。

3. 預算體制特性包括：

(1) 為避免國民租稅負擔過度，各國一般多以預算體制中的各種法令規範來控制政府支出成長並讓預算過程透明化。

(2) 為確立權力分立與責任歸屬，我國將預算過程分為籌編、審議、執行與決算審核四個階段。

(3) 預算體制是以維持一國政府財政長期平衡（fiscal sustainability）以及建立財政紀律為基礎。

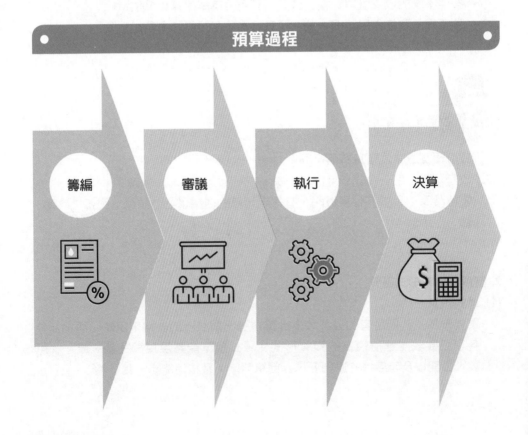

預算過程

籌編　審議　執行　決算

學校沒教的財政潛規則

Wildavsky 在 1964 年出版了 *The Politics of Budgetary Process* 一書，對政府預算提出了分析：

1. Wildavsky 認為整個預算過程就是一種妥協折衝的政治過程，要進行任何預算改革，就必然牽動政治上的變化。

2. 過去政府預算的相關文獻似乎放了太多心力在建構規範性的預算理論及預算制度改革，而較少探討預算過程的本質與真相是什麼？或是說，究竟預算決策是如何做成的（How）？為什麼（Why）？

3. 他認為要回答 How 和 Why 的問題，就是要把預算的研究拉回現實的政治世界。

預備金制度

各機關動支預算金，若數額超過 5,000 萬元者，需先送立法院備查。但是因應緊急災害動支者，不受此限。

1. 第一預備金	於公務機關單位預算中設定，其數額不得超過經常支出總額 1%。
2. 第二預備金	於總預算中設定，其數額視財政情況決定。

我財政想問

Q 為平衡預算收支，政府有哪些對策？

A 1. 增加稅課收入。

2. 增加非稅課收入。

3. 增加向外賒借或減少還本支出（但應遵守《公債法》規範，或須立法機關同意）。

4. 削減歲出（由於政府的經常門支出一般多為法定支出，因此政府多採削減資本門支出方式。）

8-5 政府預算支出的法規

1. 政府預算支出的基本概念

歲出	《預算法》中有關經常門與資本門的劃分，旨在限定政府向外賒借的收入不得用於經常門支出。
資本門支出	民間投資主要係為創造未來收益所進行的資本支出；公共投資雖可創造未來政府收益，不過相較於其所帶來的預算支出增加，可能微不足道，且公共投資經常產生所謂的「後續成本」。
經常門支出	一般來說，民主國家的經常門支出多為法定支出，如社會安全與福利支出。

2.《預算法》有關預算收支平衡規定

(1) 《預算法》相關規定

目前《預算法》並未規定政府預算案三讀通過的預算，必須符合預算收支平衡式，僅規定正常情況下的經常收支應維持平衡，非因預算年度有異常情形，資本收入、公債與賒借收入及以前年度歲計賸餘不得充經常支出之用。不過，經常收支如有賸餘，得移充資本支出之財源。

(2) 預算收支平衡式

歲出＋還本數＝歲入＋賒借收入＋移用以前年度歲計剩餘

3. 一般來說，一國政府取得預算審議權，歷經以下三個階段：

(1) 徵收租稅同意權。

(2) 議會或立法機構對於政府支出的審議權。

議會預算審議權，包括以下：

收入面	支出面
稅負課徵同意權	對政府預算支出事前審議權
發行公債同意權	對超出預算及預算以外支出的事後認可權
預算以外可能構成國庫負擔的同意權	

(3) 議會或立法機構定期預算審議權。

8-6 政府預算支出的概要

1. 分級預算管理

　　中央與地方級政府間的財政關係是以政府職能的劃分為基礎，各國的基本立法對各級政府的職能都有明確的規定，為使其職能得以履行，各級政府都有獨立的財政預算。不同國家經濟和政治制度的不同，各國的財政體制也不同。

2. 政府間財政轉移支付制度

　　政府間轉移支付，也稱補助金制，是指中央財政對地方財政收支預算的短差，採取由中央政府直接撥款補助，也就是上級政府向下級政府的轉移支付；是上級政府將一部分財政收入以一定形式撥付給下級政府使用，以達到該財政預算收支平衡的做法。

縱向轉移支付 vs. 橫向轉移支付

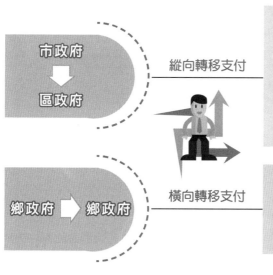

市政府 → 區政府　縱向轉移支付

1. 縱向轉移支付是指上級政府對下級政府的財政轉移支付。
2. 縱向轉移支付的主要目的是彌補財政收支差額，此種轉移支付目的是為了加強下級政府的財政能力，支持下級政府的財政收支基本平衡。

鄉政府 ▶ 鄉政府　橫向轉移支付

橫向轉移支付是指同級地方政府之間發生的資金平行轉移，一般是指富裕地區向貧困地區提供的資金援助。

3. 分級分稅預算管理體制

(1) 分級分稅預算體制是實行市場經濟國家普遍採取的一種預算管理體制，分級預算體制是市場經濟國家普遍實行的一種預算體制。

(2) 分級預算體制的核心內容是，中央預算和地方預算相互獨立，自求平衡。也即是說，一國立法部門只批准中央預算，不批准地方預算；各級地方預算由各級地方立法機構審批和監督，具有獨立性。

(3) 在實行分級預算體制下，在劃分各級政府事權的基礎上，按照稅種劃分各級政府財政收入的預算管理體制。

大神突破盲點

1. 補助金分為無條件補助與有條件補助。

(1) **無條件補助**：上級政府撥給下級政府的補助金不限使用範圍與要求不附帶任何條件。

(2) **有條件補助**：中央政府給下級政府的附帶條件的補貼撥款，補貼的性質和目標是明確的，該筆資金不得移作他用。

2. 平準補助

　　是指依一定公式由上級政府補助下級政府，或採用同層級政府彼此相互補助。

3. 收入返回（revenue turnbacks）

　　是指地方政府以自行增加徵稅的方式，來取代上級政府對地方政府的補助。

我財政想問

Ｑ 補助金與協助金一樣嗎？

Ａ 1. 補助金是由中央對地方基於特定事項所給予的補助款，協助金因為中央經費不足或是其他原因，由地方政府對中央提供的款項。
根據我國《財政收支劃分法》第30條規定，中央為謀全國之經濟平衡發展，得酌予補助地方政府。

　 2. 另根據《財政收支劃分法》第33條規定，各上級政府為了適應特別需要，對財力較優的下級政府，得取得協助金，而該項協助金，應列入各該下級政府之預算內。

8-7 預算外收入

　　預算外收入是指國家機關、事業單位和社會團體為了履行攻府職能，依據國家法律、法規和具有法律效力的規章所收取的未納入國家預算的各種財政。預算外收入類似西方財政學中的「自由裁量」（discretionary）收入，這種收入來源隱蔽且分散，支出同樣缺乏公開透明，此一特點決定了地方政府有強烈的動機將收入從預算內轉移到預算外，或者直接增加預算外收入。

　　從支出上來看，經常出現一國在現行的財政體制下，地方政府的預算內支出受到中央政策以及上級政府的嚴格約束，地方政府因為缺乏自主權，導致預算外收入的出現或增加。預算外收入的範圍，主要包括：法律、法規規定的行政事業性收費，例如：停車收費、戶籍登記規費，按收入和支出設置分類帳，用以記錄反映非稅收入的收支活動情形。

　　在中國的預算外收入是指不透過國家預算管理的財政收入，主要有二類：

1. 納入地方財政的預算外收入：
   包括工商稅附加、公產公房租賃收入。
2. 納入事業單位的預算外收入：
   包括公路養護費、市場管理費收入等。

預算外收入特徵

未納入國家預算	自由裁量收入（收支不透明）
常出現在地方政府	行政事業性收費，例如：停車費

2016 年政府每年花費至少 2 千多億元捐助各類型財團法人，平均來看，這些政府捐助的財團法人自行籌財源的比重竟然不到 3 成，國發會認為每個財團法人設立的宗旨不同，有些是公益慈善性質，有些是業務性質的財團法人，很難要求公益慈善性質財團法人自籌一定比例財源，但是針對有業務屬性的財團法人，考慮提高其自籌財源比重，並減少對其補助，避免養肥貓。

8-8 中央與地方的財政分權

1. Oates 財政分權定理

　　歐斯（Wallace E. Oates）在《財政聯邦主義》一書中，將全部人口中分為兩個子集，每個子集內的人都具有相同的偏好，而兩個子集間的偏好是不相同的，他從中央政府等量分配公共商品出發，認為中央政府忽略了兩者的不同偏好，因而達不到帕雷托最優，地方政府與中央政府在提供公共商品上的效率差別，使中央在配置資源的功能上不如地方政府。

　　Oates 提出了「財政分權定理」，由各地方政府將各自符合帕雷托最適效率的產出提供給地方各自選民，要比由中央政府向全體選民提供任何特定且一致的公共商品要來得有效率。

　　財政聯邦主義就是財政分權，是給予地方政府一定的稅收權力和支出責任範圍，並允許地方政府自主決定其預算支出規模與結構，其核心功能在於使地方政府擁有合適與合意的財政自主權以便進行決策。

2. 斯蒂格勒（George Joseph Stigler）最適分權模式

　　斯蒂格勒認為，公共財應由中央或地方提供，可以從兩個方面觀察地方政府存在的必要性：

(1) 與中央政府相比，地方政府更接近公眾，更了解轄區內居民對公共服務的選擇偏好及效用。

(2) 一國國內不同的人民有權利對不同種類與不同數量的公共服務進行投票表決，尤其是幅員大的國家，例如：美國或中國。因此，不同種類與不同數量的服務要求應由不同級次、不同區域的政府來提供。

3. 國庫集中支付制度

　　是指對地方政府預算資金分配、資金使用、銀行清算及資金到達商品和勞務供應者帳戶的全過程，集中由中央政府進行全面的監督管理。

財政私房菜

　　當公共財偏好愈趨於一致，或是有同質性（homogeneous）愈高，公共財利益遍布全國，若由中央政府提供，除了具有經濟規模之外，也可以避免因為不同地方政府的提供，產生差異；反過來說，如果人們對公共財的同質性需求不高，偏好差異大，則因地制宜由地方政府提供較佳。

8-9 多年預算

是指將多年政府收支預測納入預算編制和規劃程式，以打破預算編制以一年為期限的制式限制，多年預算可以用來系統性地反映政府預算的收支執行和變化規律情形。

學校沒教的財政潛規則

1. 政府預算具有雙元性（duality）特質；它可以是規範性（normative）的研究；也可以是實證性（empirical）的研究。就規範面而言，理性預算理論（rational budgeting theory）是發展主軸，此一途徑長期以來一直在為政府預算找尋一個資源配置的標準。
2. Rubin（1990）主張政府在預算決策過程中，應該透過按部就班的思維計算，考慮各種預算計畫的利弊得失，以做出理性的抉擇，對有限的資源做最有效的配置。

我財政想問

Q 許多國家為何存在極大化機關預算？

A 1. 就實證面而言，許多人將政府預算的過程與結果視為依變項（dependent variables），其主要興趣在於解釋或描述預算過程中人的行為和所產生的現象，因此政府預算的實證研究也成為預算領域的重要部分。
2. Niskanen（1971）以理性選擇（rational choice）模型解釋行政官僚的預算行為為何是傾向於極大化機關預算。
3. Limdblom（1959）和Wildavsky（1984）認為人的理性是有限的（bounded rationality），獲取資訊的成本又十分高昂，加上能力時間上的限制，決策者在制定政策或預算內容時，只能依據現狀做有限度的調適與改變，而不能做徹底的劇烈變動。

8-10 中央對地方政府撥款的概念

地方政府是指中央政府以下的各級政府的統稱,包括二級政府和三級鄉鎮市區政府,但不包括立法機關與司法機關。中央對地方撥款可分為:

中央對地方撥款分為兩種

無條件撥款

有條件撥款

中央對地方撥款

1. 有條件撥款	也可稱為專項財政撥款,它是一種帶有附加條件的政府間財政轉移支付形式。在這一種方式下,上級政府在提供財政撥款時,通常會指定該項撥款資金的用途,下級政府必須按規定的用途來使用這筆撥款,否則就無法得到該項資金,屬於專款專用。
2. 無條件撥款	是指上級政府在對下級政府進行政府間財政轉移支付時,不限定該項撥款的使用範圍和方向,也不提出具體的使用要求,接受的地方政府可以按照自身的意願使用該筆政府間財政轉移支付資金。
3. 比較	當中央政府對地方政府有「無條件補助款」時,中央政府的財政集中度會有偏高傾向,表示中央對於補助哪一個地方政府的自主權相對較高。

德國 J. Popitz 於分析公共支出在不同層級政府間的分配時，發現各國上級政府所占比例有愈來愈高的情形，這種財政集權化現象，稱為波畢茲法則（Popitz rule）。

波畢茲法則示意圖

波畢茲法則指出各國上級政府財政比重有集中且愈來愈高的現象，此時可透過補助，改善地方政府財政不均的困境。

 我財政想問

Q 財政餘利對地方人民的影響有哪些？

A Buchanan 提出財政餘利（fiscal residuum），即

$$FR = E - T$$

其中 E 是指公共支出水準，T 是每人的租稅負擔，FR 是財政餘利。

由於人們會從財政餘利較低的地方往財政餘利較高的地區移動。而且理性的居民會根據自己所得高低來選擇財政餘利較高的地區遷徙。

8-12 理性預算制度內涵

1. 傳統行政預算制度（Executive Budget System）

(1) 傳統行政預算制度的基本假設是行政首長最清楚他們的機關之預算，他們可以藉由預算控制支出、配置資源、規劃新政策以及管制成果，俾使政府機關的運作達到有效率與經濟。

(2) 將預算按工作計畫、功能、機關別和支出目的予以劃分，使政府的施政更符合國家與社會的需要。

2. 項目預算制度（Line-Item Budget System）

(1) 項目預算編制方式是控制支出和資源管理，規定每一個機關必須為所通過的預算負責。項目列舉預算是按收支項目逐列編制，最後予以彙總。

(2) 例如：支出項目可按支出用途別予以列舉，人事費、材料費及資本支出等。這些項目亦可再細分為個別費用表，如人事費可再細分為固定薪資、臨時薪資、加班費與津貼等。

3. 功能預算制度（Functional Budget System）

(1) 1929 年史無前例之經濟大恐慌，當時美國總統胡佛，墨守傳統成規，屬行平衡預算（moderate budget），增加稅收、減少支出，終致加重國民負擔、減低消費傾向、縮小就業範圍，以致無法挽救經濟危機，舉國陷入大蕭條。

(2) 功能預算試圖將政府支出按目的或功能予以歸類，以及它們之間的相對優先次序，而非僅考慮機關別或支出項目。

(3) 傳統功能的劃分並非是靜態的，隨時可以修正、合併或再細分為次功能（sub-functions），主要即在於能確實反應政府支出功能及計畫。

理性預算制度分三類

01 傳統行政預算

02 項目預算

03 功能預算

減稅在財政理論上雖可激勵短期消費，但亦有其負面性存在，不宜掉以輕心，台灣要建立健全的財政紀律，應該檢討的是政府的支出必要性。事實上，政府很多的支出是不能以有沒有收入來作為是否加以執行的藉口，因為公共領域的事務，很多事情具有「今天不作，明天就會後悔」的特性。例如：國民義務教育支出項目，政府不能以沒有經費，就宣布今年的學齡兒童暫緩入學一年；這樣若因沒有收入而取消教育支出，將來的國民素質一定會下降。同樣政府也不能以沒有經費，就減少必要基礎建設的投資，否則國家未來的經濟發展一定會受到影響。但是如果政府沒有詳細規劃，就把支出花費在蓋蚊子館，或是每到年底，故意消化預算，以免讓立委認為執行不力，這就是政府失靈，更浪費納稅人繳稅的血汗錢。

小時事大知識

　　我國《預算法》第 91 條明訂，立法委員所提的法律案大幅增加歲出或減少歲入時，應先徵詢行政院的意見，說明彌補資金的來源，必要時，應同時提案修正其他法律，以確保財政收支的穩健。

Chapter **9**

財政理論

9-1 財政幻覺

　　台灣自 2017 年要求跨境電商落實辦理稅籍登記，並繳納營業稅；2018 年開始繳納營所稅；2019 年起要求電商在網路平台銷售開立電子發票給買家。但針對線上網紅、線上訂房、線上 App 商店、線上影音、電子期刊等跨境電商未在所得來源國註冊，而是以現金交易模式，或人頭帳戶，或郵政小包等方式高賣低報逃漏營業稅等情形，台灣稅務機關應採跨國合作模式，共同追查跨境電商是否逃稅，以防堵跨境電商逃稅，避免稅基侵蝕繼續擴大。

　　財政幻覺（fiscal illusion）是指政府的財政支出給人們帶來了好處，但人們卻因此忽略了自己付出的代價。財政幻覺是政府規模增長的公共選擇理論之一。

　　各國經驗來看，由於財政收支過程的混沌性產生的對稅收負擔的錯覺，投票者－納稅人往往會低估公共支出的稅收價格，導致對公共支出的需求增加，並支持政府提出較高的公共支出水準。

財政幻覺示意圖

政府的過度支出，給人民帶來好處，但人們卻忽略了自己付出的稅金代價。

9-2 財政紅利與財政餘利的差別

1. 財政紅利（fiscal dividends）是指若政府以主動的財政政策，利用降低租稅收入或增加政府支出之策略，以刺激經濟活動，促使社會利益提高。

2. 財政餘利（fiscal residum）是指布坎南主張，個人享有地方政府公共支出的效益減去個人租稅負擔的差額。財政餘利愈高，愈容易吸引人們從其他地方遷徙到該地方，類似以腳投票（Voting by foot），也就是當人民可以自由遷徙，一定是找財政餘利（從政府獲得的效益－租稅負擔）最大化的州，例如：美國的華威州、內華達州和佛羅里達州免所得稅，其中內華達州的收入來源主要是賭博活動的娛樂性質的「評估稅」。

● 2020 年新冠疫情各國財政採取大規模發放現金紓困情況表 ●

國家	現況	主要措施
美國	2.2 兆美元	中低收入戶（年收入 7 萬 5 千美元以下者）每人提供 1,200 美元退稅。
日本	108 兆日圓	收入因疫情而銳減、生活困頓的家庭，政府發給每戶 30 萬日圓現金。
新加坡	599 億新加坡幣	年滿 21 歲的新加坡國民，獲得一次性現金補貼，每人 600 新加坡幣。
澳洲	176 億澳幣	1. 未來兩年支出 13 億澳幣，保護 12 萬名學徒工作。 2. 未來四年擴大稅收減免計畫，提供 7 億澳幣資金，幫助企業購買新設備。 3. 一次性直接發放現金給在澳洲的福利金領取者，每人 750 澳幣。

9-3　黏蠅紙效應

　　Arthur Okun 與 Gramlich 曾指出，地方居民的收入增加 1 美元，可使地方公共支出增加 0.05 ～ 0.1 美元。而 1 美元的中央補助將使地方公共開支增加 0.4 ～ 1 美元，顯然後者的效應遠大於前者。由於中央補助與地方居民收入對地方公共開支而言，是不可完全替代。這種現象被稱作「黏蠅紙效應」（flypaper effect）。

　　簡單來說，地方公共部門獲得的中央補助趨於留在公共部門，地方政府獲得的財力增加被以不恰當的比例運用於公共開支，而不是透過合理削減地方稅收等形式，讓利於地方居民。

　　從心理學的角度分析，別人給你的 100 萬，你比較會亂花，自己的 100 萬，比較捨不得花。所以中央補助給地方的 100 萬，地方政府比較容易亂花，而地方政府自己辛苦徵稅或徵收的地方規費，比較不會亂花掉。表示中央對地方的補助款，就像「錢」黏在它所落下的地方，就像蒼蠅掉在紙板上，一動也不動。假設中央補助 A 地方 100 億，A 地方政府並沒有透過等額削減地方稅 100 億來讓利給 A 地方居民。

　　經濟學者 Stiglitz 曾經說每當有人提出減少或取消補助的建議，接受補貼的人總是會試著自我防衛，宣稱那些補貼符合公共利益。諷刺的是那些接受政府慷慨贈與的公司和個人卻同時反對政府增加支出，人性正是如此，您認為呢？

9-4 財政拖累與稅級攀升

1. 財政拖累

財政拖累（fiscal dragging）是指由於稅收起點的上漲幅度與通貨膨脹幅度不一致，導致國家稅收的上升，人民實際收入減少。也就是說，稅率並未改變，而是由於通貨膨脹造成了納稅人租稅負擔的增加。

(1) 也有人稱財政拖累是因為納稅人名目所得增加，但是扣除通貨膨脹後，實質收入是減少的，例如：某甲所得月薪 50,000 元，由於工作表現認真，老闆每月多加薪 1,000 元，月薪變成 51,000 元，但是因物價近期上漲，東西變貴，假如：物價上升 2.5%，則甲的實質收入變成（51,000÷1.025）= 49,756 元。

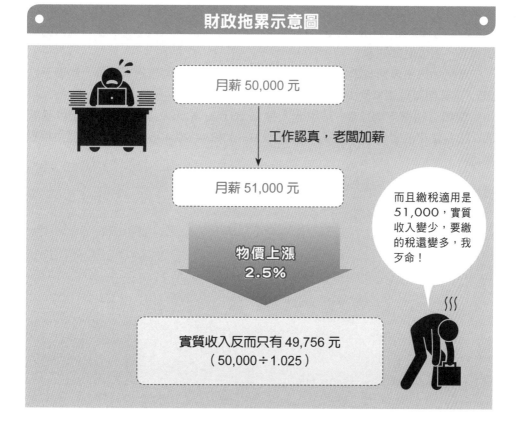

財政拖累示意圖

月薪 50,000 元

工作認真，老闆加薪

月薪 51,000 元

而且繳稅適用是 51,000，實質收入變少，要繳的稅還變多，我歹命！

物價上漲 2.5%

實質收入反而只有 49,756 元
（50,000÷1.025）

(2) 但是某甲繳稅適用的是 51,000 元，而不是 50,000 元，以後要繳的稅會比原本的 50,000 元要多。稅級攀升是造成財政拖累的主因。

2. 稅級攀升

稅級攀升（tax brackets rise）是導致財政拖累的原因之一，稅級攀升用以描述通貨膨脹將所得推高至較高稅收級別（tax brackets），由於很多累進稅制或免稅額或起徵點，並不會因為通貨膨脹而有所調整，當通貨膨脹發生，所得與薪酬的帳面水準上漲時，會被課徵更高的稅，但納稅人所得與薪酬的實際水準並沒有增加，如此一來，導致該國政府因為通貨膨脹，造成實際稅收增加。

3. 稅級攀升案例

假使某甲一年收入為 20,000 美元，當時收稅起點為 5,000 美元以上收稅 20%，這樣他一年繳稅為（20,000 － 5,000）×0.2 ＝ 3,000 美元，即收入的 15%。

現在假使由於通貨膨脹，其收入上漲 5%，至 21,000 美元，但政府將稅收起點上調 2%（即 5,100 美元以上收稅 20%），那麼他今年將繳稅（21,000 － 5,100）×0.2 ＝ 3,180 美元，即收入的 15.14%。這樣使得某甲收入中，繳稅占收入的比例提高，造成財政拖累。

當然如果出現通貨緊縮現象，則正好相反，也就是假設通貨緊縮，物價下跌 2%，則某甲將可望享受少繳稅的好處。

例如：物價下降 2%，某甲收入原為 20,000 美元，以 20,000 美元稅基報稅，但是某甲的實質購買力所得是 20,000÷0.98 ＝ 20,408 元，其繳稅能力相對較強。

稅級攀升示意圖

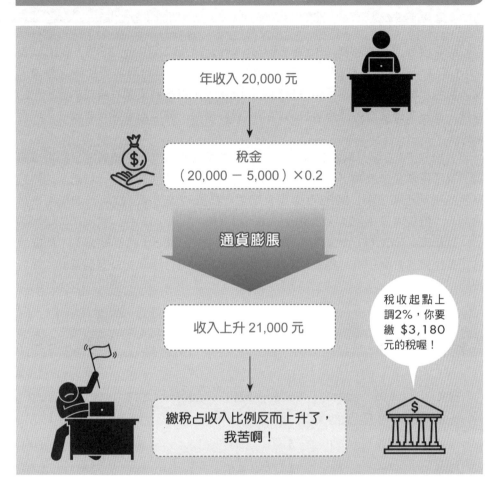

年收入 20,000 元

稅金
（20,000 － 5,000）×0.2

通貨膨脹

收入上升 21,000 元

稅收起點上調2%，你要繳 $3,180 元的稅喔！

繳稅占收入比例反而上升了，我苦啊！

財政拖累 VS. 稅級攀升

財政拖累

名目所得上升，卻因通膨，實質收入反而減少，但稅收依然增加

稅級攀升

通貨膨脹後，稅收起點上調，導致稅收占收入比例提高

9-5 稅基侵蝕與利潤移轉

　　稅基侵蝕與利潤移轉（Base Erosion and Profit Shifting, BEPS）OECD 自 2015 年共發表了 15 項 BEPS 方案，BEPS 是指跨國公司利用各國稅制之差異與國際租稅規範之不足，進行租稅規劃與移轉利潤，以達到集團稅負成本極小化的目標，此舉會造成對各國原有稅基的不當程度侵蝕，嚴重影響各國財政收入與租稅公平。

　　由於 BEPS 主要是解決各國人民利用不同國家地區稅率的差異進行節稅或避稅，為了打擊企業逃稅，各國可以合作簽約方式，降低稅基侵蝕。目前全球將迎來新的稅制改革浪潮，BEPS 和歐盟反避稅，美國稅改，都形成新一波稅制改革浪潮，「低稅率，寬稅基」的稅改方式仍將持續。

　　近年來，OECD 已始向稅務機關提倡國別報告（BEPS 行動計畫），而歐盟除了在反避稅計畫中推行相似規定，也考慮針對所有行業強制公開揭露國別報告資訊。

主要國家近年來地下經濟占 GDP 比重

單位：%

國家	2010	2011	2012	2013	2014	2015	2016	2017
台灣	25.7	25.3	25.2	24.7	23.3	23.3	23.2	22.8
瑞典	5.6	5.1	5.3	5.3	5.1	5.4	5.4	5.4
美國	7.4	7	6.7	6.6	6.1	6.1	5.9	5.7
泰國	46.4	44.7	43.7	43.0	44.2	45.0	44.3	41.9
日本	10.0	9.3	9.2	10.7	10.8	11.7	11.1	10.8
法國	11.8	11.1	11.7	11.6	11.4	12.2	12.2	11.7
中國	12.1	11.8	11.9	11.6	11.0	11.5	11.3	11.1

資料來源：Cesifo working papers, 2019. Leandro Medina, Friedrich Schneider.

9-6 租稅天堂

租稅天堂示意圖

租稅天堂提供公司境外註冊避稅，例如：英屬維京群島等。對誠實繳稅者形成不公平。

是指課稅極低甚至免稅，有利於國際企業進行財務調度的國家或地區，前來開設的公司主要以從事控股、信託、金融、保險等方面業務。此外，該國家或地區也多對個人投資的資本利得、利息或股利收入都不課稅。因此，大多數海外基金為了吸引投資人，多將基金戶籍註冊於免稅天堂。

租稅天堂又稱避稅港，一般是小型島國或缺乏天然資源的地區，為能有效吸引外國資本，從而發展本土基建和經濟而給予外來投資或設籍公司免稅，目前較知名的租稅天堂包括：不徵收任何所得稅的巴哈馬、百慕達、開曼群島；稅率較低的瑞士、英屬維京群島、索羅門群島、列支敦斯登（Liechtenstein）等。

作為富人避稅天堂的瑞士，在很長的時間裡，一直是全世界富人避稅的離岸財富中心，但是，在 2018 年 9 月，這個神奇的故事終告結束，瑞士聯邦稅務管理局（FTA）終於遞交了客戶金融帳戶數據給打擊稅務欺詐的 AEOI 全球標準（Standard for Automatic Exchange of Financial Information in Tax Matters），共同打擊全球跨境逃稅。

最低稅負制是指根據《所得基本稅額條例》，最低稅負制係為使適用租稅減免規定而繳納較低稅負甚至不用繳稅的公司或高所得個人，都能繳納最基本稅額的一種稅制。目的在於使有能力納稅者，對國家財政均應該盡到應有的繳稅義務，以維護租稅公平，確保國家稅收。

為導正部分所得免稅造成的租稅扭曲，目前台灣最低稅負制，把公司企業的證券交易所得與期貨交易所得計入營業所得課稅，未上市、未上櫃、非屬興櫃股票及私募基金受益憑證之交易所得，計入個人基本所得額課稅，此有助於落實租稅的公平正義原則。

我財政想問

Q 哪些公司不必申報最低稅負？

A 依據《所得基本稅額條例》第 3 條第 1 項規定，下列營利事業排除適用最低稅負制：

1. 獨資、合夥組織之營利事業。
2. 教育、文化、公益、慈善機關或團體。
3. 依法經營不對外營業之消費合作社。
4. 各級政府之公有事業。
5. 在境內無固定營業場所及營業代理人之營利事業。
6. 辦理清算申報或破產宣告之營利事業。
7. 未享受投資抵減及免稅等獎勵之營利事業。
8. 課稅所得加計各項免稅所得後之所得額（稱基本所得額）在新台幣 200 萬元以下之營利事業。

我財政想問

Q 營利事業最低稅負適用門檻多少？

A 多數中小企業營業額約在 3,000 萬元以下，如果按所得額標準在 6% 或 7% 左右推估，應稅所得額約相當於 200 萬元。為了避免規模較小營利事業，亦需依照規定計算繳納基本稅額，影響層面過大，將課稅所得加計免徵、免納或停徵營利事業所得稅之所得額後之合計數在新台幣 200 萬元以下之營利事業，排除適用最低稅負制。

我財政想問

Q 營利事業之基本所得額如何計算？

A 1. 營利事業之基本所得額，為依《所得稅法》規定計算之課稅所得額，加計《所得基本稅額條例》第 7 條第 1 項各款規定免徵、免納或停徵營利事業所得稅之所得額後之合計數。

2. 計算公式如下：

基本所得額＝課稅所得額＋〔證券（期貨）交易之所得額－經稽徵機關核定之前 5 年證券（期貨）交易損失〕＋第 2 款至第 8 款免稅所得＋（國際金融業務分行之所得額－經稽徵機關核定之前 5 年國際金融業務分行損失）＋（其他經財政部公告之減免所得稅及不計入所得課稅之所得額－其他經財政部公告之減免所得稅及不計入所得課稅之所得額發生之前 5 年損失）

前開計算公式應加計之證券（期貨）交易之所得額、國際金融業務分行之所得額及其他經財政部公告之減免、不計入所得。

9-8 特殊稅制簡介

1. 放棄國籍稅

又稱退出稅，是美國國會針對美國富人為逃稅而退出美國國籍而設立的，美國自 2008 年起，為防止域外逃稅實施所謂的「放棄國籍稅」。規定放棄美國國籍的人，需為超過 60 萬美元的未實現資產收益繳稅。韓國也有針對為逃避兵役而放棄韓國國籍者進行重稅，包括繼承稅和贈與稅。

2. 負所得稅

負所得稅是指現代部分國家把所得稅和社會福利補助制度結合的一種主張和模式。即對那些實際收入低於維持一定生活水準所需要的家庭或個人，按一定比例付給所得，類似一國政府對低所得者的生活補助津貼。

3. 數位稅

隨著數位經濟的不斷發展，電子書籍、網路期刊、網路音樂、網路遊戲電玩興起，網路出售電子圖書被劃分為服務類，要按照增值稅標準稅率繳納增值稅，

數位稅，不可少

隨著數位經濟普及，包括電子書、網路音樂的興起，網路出售電子圖書被劃分為服務類，按增值稅標準，課數位稅。

例如：新加坡目前稅率為 7%，韓國為 10%。此外，數位稅是歐盟對大型互聯網企業的徵稅規則。這種新稅種與許多公司已經繳納的公司所得稅不同，被廣泛稱為數位稅。

4. 噪音稅

當一國處於工業化中期階段，經濟特徵表現為基礎設施和公共設施建設的大量興建，噪音的汙染難免造成附近民眾生活上的不舒適，這就是所謂社會的外部成本。

觀察開徵噪音稅的國家，對民航、汽車、火車等交通設備及建築工地等，多會徵收噪音稅，其是根據噪音的排放量來徵收，如日本、荷蘭的機場噪音稅是按飛機著陸次數，對航空公司徵收。另外，德國也曾在《噪音防治法》中規定對汽車一定分貝以上噪音，需要徵稅。

5. 奢侈稅

奢侈稅是對應納入奢侈性消費範圍的商品，或是過度的奢侈性消費行為徵稅，奢侈稅有利於遏制過度消費現象。例如：對銷售價格或完稅價格一定金額以上的小客車、自用飛機或遊艇等特種貨物，以及每次銷售價格達一定金額以上之

富人應課奢侈稅

奢侈稅是對富人購買高價貨物，例如：單次銷售價格 50 萬元以上的俱樂部入會費，按 10% 稅率課奢侈稅。

國家	現況
美國	美國在 1991 年開徵遊艇奢侈稅，但在 1993 年 8 月廢止，主要是富人跑到國外消費，重創美國國內遊艇產業。
奧地利	奧地利在 1998 年停止徵收奢侈稅。
台灣	對高價貨物課徵奢侈稅（惟 2016 年 1 月 1 日房地合一新制度實施後，房屋、土地同步停徵奢侈稅）。
日本	1. 根據日本國稅廳 2019 年公布的資料，從 2019 年 10 月 1 日起調漲消費稅，將現行稅率由 8% 調漲至 10%。 2. 另外，日本國稅廳，考慮將部分民生必需用品，像是食品、飲料等，實施「輕減稅制度」，但飲品不包括酒類，食品也排除外燴等情況。
澳洲	對豪華轎車課徵奢侈稅，最高稅率為 33%。
匈牙利	對價格超過美元 15 萬元的房地產、遊艇、轎車課徵奢侈稅。

各國課徵奢侈稅情形

入會權利（不包括可退還之保證金）等課徵一定比率的特銷稅。

台灣在 2011 年實施的奢侈稅，主要針對價值超過 300 萬元以上的小客車、遊艇、自用飛機等特種貨物，以及單次銷售價格 50 萬元以上的俱樂部，例如：高爾夫球場入會費等，按 10% 稅率課徵奢侈稅。

但是也有人士認為奢侈稅屬於貨物稅的擴展，基本上只需要在貨物稅條例內增修即可，不須另訂奢侈稅條例。

此外，根據台灣現行稅法規定，奢侈稅收入，須循預算程序用於社會福利支出；其分配及運用辦法，由中央主管機關及社會福利主管機關定之，屬於專款專用性質，有部分人士認為這似乎與稅收的「統收統支」基本精神相違。

6. 庇古稅（Pigou tax）

經濟學家 Pigou 提出，應根據私人企業汙染造成社會居民受危害程度的輕重施以課稅，由於受害者多半是少數個人，無法集體向造成環境汙染的廠商求償，汙染者因此對受害一方不理不睬，造成受害者被迫承受環境汙染造成的外部成本，例如：排放廢氣廢水等汙染。此時，市場機能失靈，必須由政府介入協調並對造成汙染的一方徵稅，用稅收來彌補汙染者造成的外部成本，以使私人成本（相對較少）與社會成本（相對較高）兩者相等，此稱為庇古稅。

外部成本＋私人成本＝社會成本

外部成本＝庇古稅

9-9 自動財政政策

　　是指當一國經濟蓬勃發展，GDP 不斷增長時，平均個人所得（personal income）將會增加。因為稅基擴大，個人所繳交的所得稅款亦會上升，造成個人稅後可支配收入（disposable income）下降，消費支出也因而減少；同時，因為經濟成長的緣故，移轉性支出（transfer payment）等福利支出減少，政府用於消費和投資的支出維持不變，財政赤字減少。

　　相反，當一國經濟陷入衰退，GDP 下降，平均個人所得便會減少。個人所繳交的稅款自然也會減少，此時政府會增加移轉性支出，部分個人可支配收入上升，但同時也造成了財政赤字的增加。此種自動調節的財政工具稱為經濟自動穩定器（automatic stabilizer）。

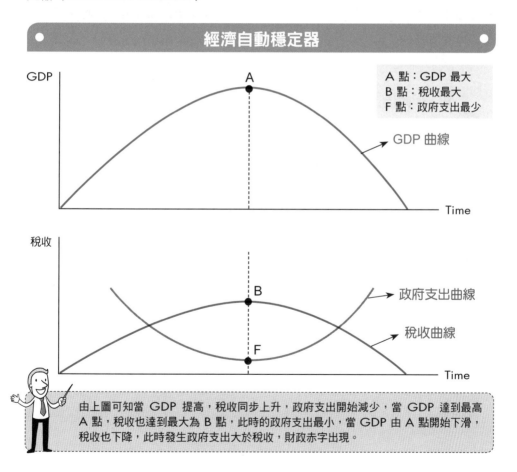

經濟自動穩定器

A 點：GDP 最大
B 點：稅收最大
F 點：政府支出最少

由上圖可知當 GDP 提高，稅收同步上升，政府支出開始減少，當 GDP 達到最高 A 點，稅收也達到最大為 B 點，此時的政府支出最小，當 GDP 由 A 點開始下滑，稅收也下降，此時發生政府支出大於稅收，財政赤字出現。

財政努力是指一國地方政府為了更好、更有效率地提供地方公共財或公共服務而努力增加預算內收入，方式包括加強查核逃漏稅、增加規費收入、擴充稅源、提高稅收徵管效率、節約徵稅成本等行為。台灣的金門酒廠早年便是連續多年靠著金門高粱酒優質品牌的高銷售量，締造了驚人的地方財政收入。

2020 年某地方政府大幅調低公告地價兩成，造成 10 億到 20 億元的收支差短，也許地方政府考量避免調高土地公告現價，造成房價大幅上升。

不過這樣一來，可能會導致地方因為減稅，變得「財政努力」不夠，未來獲得中央政府的補助款減少。

由於中央對地方政府的財政支助，除了統籌分配稅款，另外還有一般性和專案補助款，而地方自行籌措財源或加強徵收規費是中央評估地方「財政努力」程度的重要指標。

財政私房菜

按照現今《公共債務法》第 5 條規定，縣（市）及鄉（鎮、市）所舉借之一年以上公共債務未償餘額預算數，占各地該政府總預算及特別預算歲出總額的比率，各不得超過 50% 及 25%。

對於上述「以地方的歲出為舉債上限」規定，可能容易加速地方財政的惡化，因為有些地方政府明明「自籌財源」10 億，加上中央或上級政府補助後的「自有財源」30 億，卻可以編造出 80 億的歲出預算，主要就希望增加舉債的金額，如此倒果為因，導致縣市財政加速惡化。

9-11 祖父條款

　　祖父條款是指當締約國加入 GATT（關稅暨貿易總協定）時，存在違反 GATT 規定的國內法，但 GATT 仍允許其繼續存在。原因是，如果要求締約國加入時的國內法律均需符合 GATT 之規定，則 GATT 可能無限期遲延而無法生效。

　　此係 GATT1947 通過之暫時適用議定書中的一項規定，表示在不與既有立法相衝突範圍內，盡可能適用 GATT 第二部分，此規定被稱為「祖父條款」（Grandfather Clause）。

GATT 的祖父條款

　　我們知道 WTO（世界貿易組織）與 GATT 是不同的，GATT 作為國家組織已經不復存在，取而代之的是 WTO，但是 GATT 作為協議仍然有效，只是 GATT 協議已經成為後來成立的 WTO 協議的一部分。

　　更新的的 GATT 與 GATS（服務貿易總協定）和 TRIPS（與貿易有關的智慧財產權協定）共同列入 WTO 一個單一組織，一套規則，並使用單一爭端解決機制，這就是「祖父條款」。

小時事大知識

　　WTO 由於美國川普政府在 2019 年 12 月動用否決權阻撓 WTO 上訴機構兩名新任法官任命案，癱瘓該組織的爭端解決機制運行，2020 年 4 月，歐盟與加拿大推動暫時調解機制的正式運作，並與中國等 18 個 WTO 會員國取得共識，同意對於會員國彼此之間的紛爭，都改為在暫時性的仲裁機制進行。

　　這個決定，主要是因為各成員國一直等不到美國善意回應 WTO，所另推爭端解決機制的結果。

9-12 財政政策乘數

1. 平衡預算乘數（balanced budget multiplier）

　　是指政府收入和支出同時以相等數量增加或減少時，國民收入變動對政府收支變動的比率。它指的是當同時增加或者減少政府的收入和支出，政府的預算保持不變的時候，對於國民所得的增減變化影響。

2. 稅收乘數

(1) 稅收乘數是指因政府增加（或減少）稅收，導致 GDP 減少（或增加）的倍數。

(2) 由於稅收是對納稅人所得的減項，稅收高低會影響到投資，進而影響到 GDP。

(3) 稅收變動與 GDP 呈反方向變化，即稅收減少，GDP 增加；稅收增加，GDP 減少。所以，稅收乘數通常小於零（是負值）。

3. 政府購買支出乘數（government expenditure multiplier）

　　政府購買支出乘數是指 GDP 變化量與引起這種變化量的最初政府購買支出變化量，兩者之間的倍數關係，或者說是政府支出變動導致 GDP 變化量的比例。

4. 財政乘數效果分析

　　　假設 $Y = C + I + G$

　　　式中，Y 代表國民收入；C 代表消費支出；I 代表私人投資支出；G 代表政府購買性支出。其中 $C = C_a + bY_d$。

　　　式中，C_a 代表消費常數，b 代表邊際消費傾向，Y_d 為可支配收入。假設：T 為稅率，移轉性支出為 T_r。

$$Y = C_a + b(Y - T + T_r) + I + G$$
$$\Rightarrow Y(1 - b) = C_a - bT + bT_r + I + G$$

上式微分一階條件可得。

計算以下乘數：

(1) 稅收乘數

(2) 購買性支出乘數

(3) 平衡預算乘數

(4) 轉移性支出乘數

(5) 投資乘數

解析

(1) 稅收乘數：$\dfrac{\partial Y}{\partial T} = \dfrac{-b}{(1-b)}$

稅收乘數為負，表示定額稅提高，將導致總所得下降。

(2) 購買性支出乘數：$\dfrac{\partial Y}{\partial G} = \dfrac{1}{(1-b)}$

購買性支出乘數為正，表示政府支出增加，將導致總所得上升。

(3) 平衡預算乘數：$\dfrac{\partial Y}{\partial G} + \dfrac{\partial Y}{\partial T} = \dfrac{-b}{(1-b)} + \dfrac{1}{(1-b)} = 1$

平衡預算乘數是 1，表示同時課定額稅並增加政府支出，將導致總所得不變。

(4) 轉移性支出乘數：$\dfrac{\partial Y}{\partial T_r} = \dfrac{b}{(1-b)}$

轉移性支出乘數為正，表示政府補貼社會特定對象，例如老人年金或兒童津貼，將導致總所得增加。

(5) 投資乘數：$\dfrac{\partial Y}{\partial I} = \dfrac{1}{(1-b)}$

投資乘數為正，表示投資增加，將導致總所得增加。

承上題

假設金額如下：

$Y = 1,000, \quad C = 600, \quad I = 300, \quad G = 100$

$T = 50, \quad T_r = 20, \quad b = 0.75$

請計算以下數值分別是多少？

(1) 稅收乘數

(2) 購買性支出乘數

(3) 平衡預算乘數

(4) 轉移性支出乘數

(5) 投資乘數

解析

(1) 稅收乘數：$\dfrac{\partial Y}{\partial T} = \dfrac{-b}{(1-b)} = \dfrac{-0.75}{(1-0.75)} = -3$

稅收乘數為 -3，表示如果定額稅提高 1 元，將導致總所得下降 3 元。

(2) 購買性支出乘數：$\dfrac{\partial Y}{\partial G} = \dfrac{1}{(1-b)} = \dfrac{1}{(1-0.75)} = 4$

購買性支出乘數為 4，表示政府支出增加 1 元，將導致總所得增加 4 元。

(3) 平衡預算乘數：$\dfrac{\partial Y}{\partial G} + \dfrac{\partial Y}{\partial T} = \dfrac{-b}{(1-b)} + \dfrac{1}{(1-b)} = 1$

平衡預算乘數為 1，表示同時課定額稅並增加政府支出，將導致總所得不變。

(4) 轉移性支出乘數：$\dfrac{\partial Y}{\partial T_r} = \dfrac{b}{(1-b)} = \dfrac{0.75}{(1-0.75)} = 3$

轉移性支出乘數為 3，表示政府補貼社會特定對象增加 1 元，將導致總所得增加 3 元。

(5) 投資乘數：$\dfrac{\partial Y}{\partial I} = \dfrac{1}{(1-b)} = \dfrac{1}{(1-0.75)} = 4$

投資乘數為 4，表示投資增加 1 元，將導致總所得增加 4 元。

案例2

已知國民收入的決定公式為：

$Y = C + I + G$

式中，Y 代表國民收入，C 代表消費支出，I 代表私人投資支出，G 代表政府購買性支出。其中 $C = C_a + bY_d$。

式中，C_a 代表消費常數，b 代表邊際消費傾向，Y_d 為可支配收入。假設：t 為稅率。

以上可得 $Y = C + I + G = C_a + b(1-t)Y + I + G$

分別對 t, G，I 微分一階條件可得。

請計算以下乘數：

(1) 稅率乘數

(2) 購買性支出乘數

(3) 投資乘數

解析

(1) 稅率乘數：$\dfrac{\partial Y}{\partial t} = \dfrac{-b(C_a + I + G)}{(1 - b + bt)^2}$

稅收乘數為負，表示稅率提高，將導致總所得下降。

(2) 購買性支出乘數：$\dfrac{\partial Y}{\partial G} = \dfrac{1}{(1 - b + bt)}$

購買性支出乘數大於零，表示政府支出增加，將導致總所得上升。

(3) 投資乘數：$\dfrac{\partial Y}{\partial I} = \dfrac{1}{(1 - b + bt)}$

投資乘數大於零，表示投資增加，將導致總所得增加。

承上題

假設金額如下：

$Y = 2{,}000, \quad C = 1{,}500, \quad C_a = 500, \quad I = 300, \quad G = 200$

$t = 20\%, \quad b = 0.5$

(1) 稅率乘數：$\dfrac{-b(C_a + I + G)}{(1 - b + bt)^2} = \dfrac{-0.5(500 + 300 + 200)}{(1 - 0.5 + 0.5 \times 0.2)^2} = -1{,}388$

稅收乘數為 −1,388，表示如果稅率提高 1 元，將導致總所得減少 1,388元。

(2) 購買性支出乘數：$\dfrac{1}{(1 - b + bt)} = \dfrac{1}{(1 - 0.5 + 0.5 \times 0.2)} = \dfrac{1}{0.6} = 1.66$

購買性支出乘數大於 0，表示政府支出增加 1 元，將導致總所得增加1.66元。

(3) 投資乘數：$\dfrac{1}{(1 - b + bt)} = \dfrac{1}{(1 - 0.5 + 0.5 \times 0.2)} = \dfrac{1}{0.6} = 1.66$

投資乘數大於 0，表示投資增加 1 元，將導致總所得增加 1.66 元。

Barro（1979）提出租稅平滑定理（tax smoothing theory），主張租稅對經濟活動的超額負擔降至最低，認為如果政府大幅度增加稅率，尤其是所得稅稅率，會導致經濟運轉效率降低；保持平滑的稅率可以防止因為增加所得稅稅率而產生的經濟效率降低情形，有利於保持投資和生產的積極性，確保經濟的長期與穩定發展。

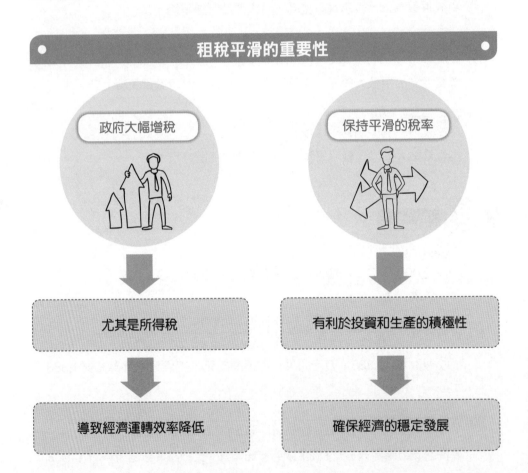

租稅平滑的重要性

政府大幅增稅

保持平滑的稅率

尤其是所得稅

有利於投資和生產的積極性

導致經濟運轉效率降低

確保經濟的穩定發展

9-14 財政政策的時間落後

一般來說，財政政策有五種時間落後（time lag）：
1. 內在落後，包括：(1) 認知落後；(2) 行政落後。
2. 外在落後，包括：(1) 決策落後；(2) 執行落後；(3) 效驗落後。

財政政策的時間落後

內在

認知落後
是指從經濟現象發生改變到決策者對這一需要調整的變化有所認知的時間。

內在

行政落後
是指財政當局在制定哪一種政策之前，對經濟議題的調查研究所耗費的時間。

外在

決策落後
是指政府當局將分析結果送交立法部門審議所需要的時間。

外在

執行落後
是指政策議案在立法機關通過後，交付有關單位付諸實行所經歷的時間。

外在

效驗落後
是指政府正式實施，到已經對經濟產生影響所需時間。

9-15 地下經濟與稅基侵蝕

　　義大利經濟學家傑爾吉・弗阿（Giorgio Fuà）提出「地下經濟」概念，地下經濟是指官方控制不到或查不到的一國社會經濟活動，這類經濟活動不納入官方統計的國民生產產值（GDP）內，地下經濟活動未向政府申報和納稅。一般屬於對外不公開的非法經濟活動，如地下工廠、黑市交易、地下金融機構現金交易、以物易物、走私品逃漏稅等。

地下經濟與稅基侵蝕的估算方法

1. 通貨對活期存款比率法

   Gutmann（1977）假設地下經濟皆使用現金，因此通貨（流通在外現金）對活期存款比率上升，表示地下經濟規模擴大。

2. 交易法

   Feige（1979）先利用 $CV_1 + DV_2$ 算出當期總生產交易量對 GNP 比例變動關係，其中 C 是通貨，D 是支票＋活期存款，V_1 為支票流通速度，V_2 為支票＋活期存款流通速度，可得 $PT = CV_1 + DV_2$，PT 為生產總交易量。

大神突破盲點

　　當前由於全球暖化與溫室效應，各國日益重視碳排放限量並強調低碳經濟，許多國家開始實施環境保護稅，荷蘭、芬蘭、法國與美國等國多年來利用環境保護稅，降低碳排放，歐盟也自 2008 年起，對航空班機開徵航空碳稅，以對抗全球暖化。2018 年 1 月起，中國實施《環境保護稅法》，開徵環保稅，取代原本的排汙費。由於我國並沒有立法訂定環境保護稅或是碳稅，對於排放汙染廠商只能開罰，加上地方民意機關關說造成地方政府環保單位的人情包袱，歷年來造成排汙費短收情形。為此，建議我國參考歐美國家等先進國家，開徵環境保護稅，除了可以有效降低個人或企業超標的碳排放量，亦可符合巴黎協議，並且能夠在廢除印花稅的同時，以增加地方財政收入的環境保護稅來支應廢除印花稅所造成的地方稅收損失。

3. 貨幣需求法

　Tanzi（1983）利用回歸模型估算因為賦稅增加造成地下經濟的規模。

4. MIMIC 法

　將地下經濟視為一個隱藏變數，加入前面三種方法作為指標變數來估算地下經濟的規模。

　MIMIC 法的估計程序如下：

　(1) 設定地下經濟（Shadow economy）為隱藏變數（latent variable）。

　(2) 設定隱藏變數與成因變數之間的關係，其行為方程式如下：

$$\eta = P_x + \zeta$$

　　其中，x 為成因變數，P 為向量，ζ 為干擾項

　(3) 設定衡量方程式，說明隱藏變數對指標變數的影響，

$$y = \lambda_y \eta + \varepsilon$$

　　其中，y 為 m 個指標變數之向量，λ_y 為係數，ε 為干擾項，η 為地下經濟，是隱藏變數。

　Chen（1981）利用最大概似估計，並透過 Dempster 等人（1977）發現的 Expectation-maximization algorithm（最大期望算法），推估地下經濟。

何謂提款稅（tax on cash withdrawal）

　　2015 年，當希臘經濟瀕臨破產之際，數百萬受驚的公民急忙從銀行領出超過 280 億歐元的資金，並將該國金融機構持有的現金總收入推至 10 年低點。

　　為了解決這個問題，希臘政府提議對現金提取徵稅，並要求所有金融交易都使用借記卡和信用卡，以防止逃稅。

假設稅收等於稅率乘以所得，即 $T = tY$，t 為比例稅率，Y 為所得，T 為稅收，模型如下：

$$T = tY$$

$$\frac{dY}{dt} = \frac{T}{-t^2} < 0$$

1. 所得稅率彈性：$\varepsilon_{yt} = \dfrac{-dY}{Y} \Big/ \dfrac{dt}{t}$

2. 當 $\varepsilon_{yt} > 1$，降低稅率

   使所得 Y 增加幅度大於稅率下降的幅度，所以稅收會增加。

   當 $\varepsilon_{yt} < 1$，提高稅率

   使所得下降的幅度小於稅率上升的幅度，稅收也會不減反增。

3. 當 $\varepsilon_{yt} = 0$，此稅率是稅收極大化的稅率。

4. 超過 t_0 的稅率，表示稅收不增反減，為「減稅區域」，因此必須降低稅率。

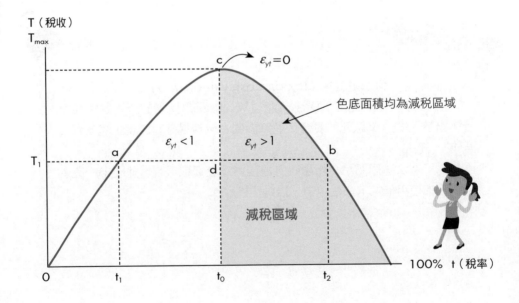

9-17 平均稅率與累進稅率

1. 平均稅率（AT）等於稅收（T）除以所得（Y），所以 $AT = \dfrac{T}{Y}$ 。

2. 累進稅率，是表示隨著納稅人所得增加，平均稅率也跟著增加。

   解析： $AT = \dfrac{T}{Y}$ ， $T = tP\theta$ ，兩邊同時除 Y，可得 $AT = \dfrac{tP\theta}{Y}$ 。

   利用 Y 對 AT 作一階微分，可得：

$$\begin{aligned}
\frac{dAT}{dY} &= \frac{tP}{Y^2}\left(Y\frac{d\theta}{dY} - \theta\frac{dy}{dY}\right) \\
&= \frac{tP}{Y^2}\left(Y\frac{d\theta}{dY} - \theta\right) \\
&= \frac{tP\theta}{Y^2}\left(\frac{Y}{\theta}\frac{d\theta}{dY} - 1\right) \\
&= \frac{tP\theta}{Y^2}\left(\frac{\dfrac{d\theta}{\theta}}{\dfrac{dY}{Y}} - 1\right) \\
&= \frac{tP\theta}{Y^2}\left(\varepsilon_Y - 1\right)
\end{aligned}$$

3. 如果財貨為民生必需品，則所得彈性 $\varepsilon_Y < 1$ ，可知 $\dfrac{dAT}{dY} = \dfrac{tP\theta\left(\varepsilon_Y - 1\right)}{Y^2} < 0$ ，此商品屬累退稅。

4. 若 $\varepsilon_Y = 1$ ，則 $\dfrac{dAT}{dY} = 0$ ，此商品為比例稅。

5. 若 $\varepsilon_Y > 1$ ，則 $\dfrac{dAT}{dY} > 0$ ，此商品為累進稅。

收入－支出假說
tax - spend hypothesis

支出－收入假說
spend - tax hypothesis

Friedman（1978）認為增稅會帶動政府支出增加，因此這種情形應該採用「節流政策」，減少支出才是對預算赤字正確的補救方式。

Barro（1979）對 Friedman 的看法提出質疑，他認為支出的增加會帶動稅收的增加。Peacock 與 Wiseman（1979）也認為當特殊事件（如疫情或天災）造成支出上升，會迫使政府加稅。

同步假說
fiscal synchronization
hypothesis

Melter 與 Richard（1981）認為政府收入會影響政府支出，同時政府支出也會影響政府收入，兩者存在雙向的因果關係。

Chapter 10

公共選擇

10-1 Arrow 不可能定理

財政私房菜

　　經濟學家 Hammar, et al.（2005）等人研究發現，當人民對政府的公信力與信賴度下降，或是主觀認定國內租稅制度不公平時，大多數的納稅人會降低其租稅遵從率，也就是選擇節稅或避稅，甚至逃稅，以彌補其主觀認為租稅制度不公平的相對被剝奪感。Stiglitz 也指出多數的時候，我們的社會仰賴納稅人自願性的繳稅，但是如果中產階級人們開始察覺到稅制不公平，發現頂層所得者利用法律漏洞避稅，例如：股票交易獲利只繳交易稅，賺很多錢卻免繳所得稅。或是政府拿納稅人的錢從事無效率的建設，例如：興建蚊子館，但台北地下街捷運隔很遠才看得到一個垃圾桶，或是某些地區每逢下雨，道路總是淹水，人們就會質疑政府的錢並沒有花在刀口上，因而會選擇消極抗稅，地下經濟活動便會增加。

1. Arrow 認為一個公共決策僅依靠簡單多數的投票原則，要在各種個人偏好中選擇出一個共同一致的順序，是不可能的。他指出，多數規則（majority rule）的一個根本缺陷就是在實際決策中，往往導致迴圈投票。

2. Arrow 不可能定理（Arrow's Impossibility Theorem）源自康多賽的投票悖論，簡單地說，其認為在通常情況下，當社會所有成員的偏好為已知時，不可能透過一定的方法從個人偏好次序得出社會偏好次序。

3. 投票悖論主張，根本不存在一種能滿足亞羅五個假設條件的社會選擇原理。因此解決投票悖論的最好方法是限制投票偏好，即將多峰偏好改為單峰偏好。
   (1) 沒有任何獨裁者，所有投票人都具有自由意志。
   (2) 票決的結果均可依偏好順序排列。
   (3) 選擇必須具有傳遞性，即若甲比乙好，且乙比丙好，那麼甲比丙好。
   (4) 不相干選項的獨立性，也就是投票的 A 案，公共選擇的結果，不會因為其他選項（議案）的加入而改變。
   (5) 無論投票人的偏好型態，均排除多峰的結果。

4. 一個合理的公共財決定只能來自於一個可以勝任的政府部門，要想借助投票過程來達到協調一致的集體選擇結果，一般是不太可能做到。

10-2 投票的矛盾

1. Buchanan 發現個人價值轉化成集體行動的成果時，出了問題。
2. 假定社會的成員只有張三、李四、王五，面對 X、Y、Z 三種方案，在其心中排定優先順序如下：

偏好順序 \ 個人	張三	李四	王五
1	X	Y	Z
2	Y	Z	X
3	Z	X	Y

3. 上述三個人對三種方案的偏好順序如下：

X 與 Y 方案表決	支持 X 方案（張三與王五） 支持 Y 方案（李四）	X 方案優於 Y 方案	形成循環多數矛盾
Y 與 Z 方案表決	支持 Y 方案（張三與李四） 支持 Z 方案（王五）	Y 方案優於 Z 方案	
X 與 Z 方案表決	支持 X 方案（張三） 支持 Z 方案（李四與王五）	Z 方案優於 X 方案	

(1) Kramer 認為當選民的偏好具有凸性而且是連續，同時選擇方案的問題屬性超過一個以上時，票決循環就容易出現，也就是投票的矛盾；換句話說，X 優於 Y，Y 優於 Z，Z 又優於 X，變成票決循環多數決無解的投票矛盾（paradox of voting）現象。

(2) Katz 認為只要選民的偏好都呈現單峰，多數決的結果會反映中間選民的偏好，就可以避開多數決常有的票決循環問題，這便是所謂的中間選民定理（Median Voter Theorem）。

10-3 以腳投票

1. 蒂伯特（Tiebout）提出「以腳投票」（voting by foot）理論，認為個人在各管轄區之間的移動，產生了一個類似解決公共產品供需的市場。為了實現個人效用極大化目標，個人透過「以腳投票」的遷移，選擇能夠提供他們最滿意的公共服務與稅收組合的區域居住，最終每個人將可以獲得滿足其個人偏好的公共商品。

2. 同時，各地方區域之間透過相互模仿、相互學習，可以實現社會福利的最大化。

3. 此一理論說明在地方政府之間存在競爭機制，由地方政府提供地方性公共物品，可以大幅減少由中央政府統一提供公共服務帶來的無效率。

4. Somin 將以腳投票描述為：增強政治自由的工具，可以讓人民在一國境內不同地方作遷移，以自由選擇自己希望的稅負地區與公共財。例如：有人喜歡海景，會把房子買或租在淡水旁；有人喜歡農村田園生活，就會搬到鄉村。由於美國各州稅制不同，例如：在美國購買商品，2017 年的消費稅，加州洛杉磯是 8.75%，也就是標價 100 元，售價 108.75 元，但是新罕布夏州、奧勒岡州免州消費稅；此時就能選擇到免稅的州買商品。

以腳投票示意圖

隔壁州的福利好多了！準備搬家，GO！

10-4　選票互助

1. 什麼是選票互助（Logrolling）

又稱選票交易（trading of votes），即一人同意在對某議案進行表決時，支持另一人，以換取對方對自己有利議案的支持。經由互惠支持而達成其目的。

2. 選票互助具有帕雷托改善效果的情形

(1) 支持選票互助者，可能導致公共財的有效率配置。

計畫＼選民	張三	李四	王五	淨效益
蓋公園	200	−60	−55	85
蓋停車場	−60	170	−75	35
蓋游泳池	−100	−50	340	190

(2) 上述三個人對三種方案的偏好順序如下：

由上表來看，蓋公園、停車場與游泳池三個計畫都是帕雷托改善	• 因此蓋比不蓋好。 • 如果三個計畫都實現，則每一個選民都蒙受其利。
但是如果每一項計畫逐一票決	• 張三支持蓋公園，李四和王五反對。 • 李四支持蓋停車場，張三和王五反對。 • 王五支持蓋游泳池，張三和李四反對。
由上可知，所有的計畫均不能透過票決通過	因此換票應該可以補救上述情況。
如果張三同意支持蓋停車場，以換取李四同意蓋公園	經由左式的換票過程，張三可以得到 140 = (200 − 60)，李四可以得到 110 = (170 − 60)。 於是蓋公園與蓋停車場這兩個方案都可望通過。
如果張三同意支持蓋游泳池，以換取王五同意蓋公園	經由左式的換票過程，張三可以得到 100 = (200 − 100)，王五可以得到 285 = (340 − 55)。 於是蓋公園與蓋游泳池這兩個方案都可望通過。
如果李四同意支持蓋游泳池，以換取王五同意蓋停車場	經由左式的換票過程，李四可以得到 120 = (170 − 50)，王五可以得到 265 = (340 − 75)。 於是蓋游泳池與蓋停車場這兩個方案都可望通過。

Chapter **10** 公共選擇

(3) 最終的結果將會使得三個方案（蓋公園、蓋停車場、蓋游泳池）都獲得通過。

3. 選票互助（Logrolling）造成低效率的外部性情形

(1)

計畫＼選民	張三	李四	王五	淨效益
蓋公園	200	−160	−155	−115
蓋停車場	−60	170	−175	−65
蓋游泳池	−100	−150	200	−50

(2) 上述三個人對三種方案的偏好順序如下：

如果張三同意支持蓋停車場，以換取李四同意蓋公園	• 經由左式的換票過程，張三可以得到 140 = (200 − 60)，李四可以得到 10 = (170 − 160)。於是蓋公園與蓋停車場這兩個方案都可望通過。 • 換票結果讓張三與李四結盟以投票支持符合他們利益的方案。不過，社會成本 −180 = (−115 − 65)，卻是由聯盟以外的其他成員承擔。
如果張三同意支持蓋游泳池，以換取王五同意蓋公園	• 經由左式的換票過程，張三可以得到 100 = (200 − 100)，王五可以得到 45 = (200 − 155)。於是蓋公園與蓋游泳池這兩個方案都可望通過。 • 換票結果讓張三與王五結盟以投票支持符合他們利益的方案。不過，社會成本 −165 = (−115 − 50)，卻是由聯盟以外的其他成員承擔。
如果李四同意支持蓋游泳池，以換取王五同意蓋停車場	• 經由左式的換票過程，李四可以得到 20 = (170 − 150)，王五可以得到 25 = (200 − 175)。於是蓋游泳池與蓋停車場這兩個方案都可望通過。 • 換票結果讓李四與王五結盟以投票支持符合他們利益的方案。不過，社會成本 −115 = (−65 − 50)，卻是由聯盟以外的其他成員承擔。

4. 中間偏好法則

根據 Hotelling 指出，在民主政治中，每位合法選民均有一票的投票權，在簡單多數決投票法則之下，中位數投票者往往就是議案的決定者。換言之，中位數者的偏好透過多數決而被社會所接受，成為社會的偏好。

10-5 競租

政府對某些經濟活動加以管制，而形成特權，會使民眾競相追逐此一特權，形成競租（rent seeking）。

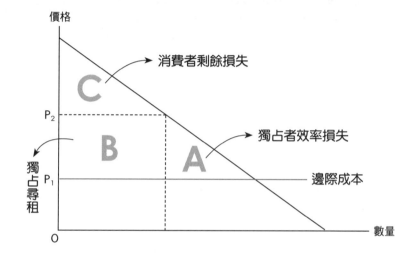

假設政府給予一家航空公司一條獨家航線，同一航線該國只有這家航空公司，則上圖可知，P_1 代表完全競爭價格，獨占者的訂價一定會比較高，為 P_2。如此會出現 **B** 的獨占尋租（monpoly rent），依傳統經濟學的看法，**A** 是獨占者，因為獨家售價較高而產生了效率損失。**C** 為消費者剩餘損失。

依布坎南的主張，例如：當鋪或是 ISBN（在某些地方是限制數量的，例如：中國大陸），若政府官員收入微薄，很可能會企圖利用現有職位創造或追求「尋租」。

當每個人可以自由參加競租，當持續增加到競租者的期望報償等於非競租者時，才不會有新的競租者進入該市場。

10-6　Downs 模型

Downs 認為基於以下理由，可能永遠由同一政黨執政。

1. 政策競賽	若選票的分配為單峰（常態）分配，則執政黨與在野黨為了拉攏選民，雙方所提出的政見都會盡量接近中位數投票者的偏好。因此，除非執政黨訊息足夠充分，完全掌握「中位數選民的偏好」，否則在野黨便有機可乘。
2. 政黨合作	政黨政治中，少數服從多數為民主政治的基本法則，票決的結果往往犧牲少數民眾的利益。在野黨若能聯合少數政黨或利益團體為大聯盟，提出有力政見，若能獲得少數政黨支持，則少數政黨聯盟，可能打敗執政黨。

我財政想問

Q 究竟該不該去投票？

A 唐斯（Anthony Downs）認為選民會以個人對於投票的成本效益分析。
如果以模型表示如下：

1. $P_t G_t + A_t - C_t > 0$

   上式 P_t 表示選民認為自己去投票會影響投票結果（誰贏誰輸）的機率，G_t 表示其出門投票對於不同政黨或不同候選人可能產生的預期效益，C_t 是該選民出門投票的成本（例如：交通或等候成本），A_t 是指個人參與投票的滿足程度。

2. 當某次選戰很激烈或投票結果和預期接近，每一張票都很關鍵，這時的 P_t 會上升，而如果各黨的理念或宣傳政策相同，A 值表示選民因為各黨的理念或宣傳政策相同，投票的滿足程度趨於 0，即 $A \approx 0$，最後如果該選民的 $A_t - C_t > 0$，則該選民會去投票。

1. 布坎南（Buchanan）提出「俱樂部」理論來解釋最優地方政府管轄範圍的形成問題。所謂「俱樂部」理論，簡要地說，就是把社區比作俱樂部，研究在面臨外部因素的條件下，任何一個俱樂部如何確定其最優成員數量。

2. 分權「俱樂部」理論核心有兩個方面：一方面，隨著俱樂部新成員的增加，原有俱樂部成員所承擔的成本會由更多的新成員分擔；另一方面，新成員加入得過多，會隨之增加擁擠成本，產生外部負效應。顯然，一個俱樂部的最佳規模，應確定在外部負效應所產生的擁擠成本，等於由新成員分擔成本所帶來節約的均衡點上。

3. 中國每逢 5 月 1 日長假，觀光名勝風景區便會吸收許多民眾，有時候會看到西湖或是萬里長城、北京故宮黑壓壓的都是人，如此一來，使得遊客的旅遊品質大打折扣，這就是「俱樂部」理論提到當人數超過飽和點，就會形成擁擠成本增加。

4. 俱樂財屬於準公共財，具有低度排他性與低敵對性，是在某些團體中共享的財貨，典型不允許其他非俱樂部的人使用，像電影、高爾夫球，都是私有性「俱樂部財」。

 我財政想問

Q 俱樂部財是擁擠公共財嗎？

A 1. 俱樂部財對非會員有排他性，而且俱樂部財是以租稅理論的受益原則作為收費基礎。例如：高爾夫球場、國家音樂廳、故宮博物院等。

  2. 擁擠公共財與俱樂部財正好相反，擁擠公共財不具有排他性，但是具有敵對性，例如：北投的天然溫泉是免費的公共財，但是每逢假日就會出現過多人去泡腳，造成敵對性。

10-8 救生艇倫理

Hardin 於 1974 年發表了文章〈Living on a Lifeboat〉，認為以糧食救濟衣索比亞饑荒會引致人口過多，而人口過多正是衣索比亞問題的根源。「救生艇倫理」（Lifeboat ethics）假設在大海中只有一艘可載 60 人的救生艇，而艇上已有 50 人，仍有 100 人在海中待救。艇上的人面對三個選項：

A 讓那 100 人全部登上救生艇，則救生艇會超載沉沒，結果是全部 150 人都淹死，「徹底的正義造成徹底的災難」。

B 只救其中 10 個人，可是用哪些準則決定哪 10 個人可以得救？另一方面，載 60 人與載 50 人比較，救生艇的「安全係數」會下降，增加艇上的人可能承受的風險。

C 不救在海中的人，那麼艇上的人生還的機會就會最高，不過就需要不斷驅趕任何試圖登上救生艇的人。

Hardin 認為從救生艇引申至資源有限的地球，富國人民就像救生艇上的人，而窮國人民就像在海中待救的人。讓問題變得更複雜的是，假使窮國人口（例如：非洲）的增長率遠高於富國（例如：美國或英國），就不可能做到所有人財富均等。

我財政要想

東、西德自 1990 年統一至今 30 年，在 1991 年到 2003 年間，德國政府債務 GDP 比率上升了 20 個百分點，為 64%，但是到了 2015 年，德國聯邦統計局公布財政首次出現盈餘，到了 2018 年，德國財政盈餘已達 580 億歐元，大家認為兩德的統一符不符合救生艇倫理呢？

10-9 多數人暴政

　　多數人暴政（tyranny of the majority）是指在一個民主制度的國家，一般議會設有「絕對多數制」，只要該政黨在議會取得多數席次，該政黨便可以推動並通過一些具爭議性但是對該政黨有利的法案，甚至強行修改法律，反對黨無法透過參政發揮影響力，這種情況被稱作是民主制度下的多數人暴力。

1. 少數人權利涵蓋兩個不同的概念，一方面指的是不同種族、血統、社會階級、宗教、語言，甚至性別上屬於少數群體的個人權利，一國政府可以利用議會多數人暴政通過對少數人權利不利的法案。
2. 當然典型的例子就是軍公教年金改革，其中主要針對退休一般公教人員溯及既往的改革，但是對於退休法官與將官的退休俸一毛不減，容易給人多數人員暴政的印象。
3. 此外，少數暴力是指例如：沙皇時期，法國拿破崙時期的君權統治。

大神突破盲點

　　甲乙丙丁共 4 人，決定用匿名投票決定誰付聚餐的午餐花費，第一次聚餐，乙丙投甲付錢，第二次匿名投票，結果還是甲最高票，但不知是丁、乙、丙哪二人投甲，所以「多數人暴政」看似合理，卻有矛盾。

大神突破盲點

　　鐵三角（Iron Triangle）在政治學上是指一種壟斷公共政策，Theodore J. Lowi 在 1969 年出版的《自由主義的終結》（*The End of Liberalism*）書中，提到有利益團體、行政部門、國會委員會，三股勢力形成封閉決策團，壟斷並交換利益，行政部門在此結構中變成了「被俘機構」（captive agency），對美國當時的自由民主機制造成傷害。

1. 若我們採取比全數少一些的多數決，則會對少數一些人造成傷害，而加諸一些成本在受害者身上，這便是投票結果與分配所產生的外部成本。

2. 雖然多數決會產生反對一方的外部成本，不過決策的時間成本會隨著所需的「多數」的減少而下降。

反對者的外部成本

最適多數成本

決策的時間成本

我財政想問

Q 為何英美國家大多數的公民都對政治議題保持無知狀態？

A 1. 公共選擇理論的主要結論之一，便是主張在一個民主政體裡，由於選民間有著理性的無知（rational ignorance）現象，政府所能提供的公共利益永遠無法滿足民眾的最終需求。每個選民都面臨到一個殘酷的現實：他所投下的一票對於選舉的結果影響微乎其微。然而若要更充分了解選舉的候選人和議題，便需要花費更多他自己的時間及資源。也因此，選民會理性的選擇在政治上保持無知，甚至不參與投票。

2. 理性選擇理論的研究者們主張，這能解釋為何英美國家大多數的公民都對政治議題保持無知狀態，也能解釋為何投票率會如此低下。

10-11 公共選擇理論——囚徒困境

1950 年，Merrill Flood、Melvin Dresher 與 Albert Tucker 提出「囚徒困境」（Prisoner's dilemma）。指出非零和博弈中，「納許均衡」與「帕雷托最優」是相衝突的。

警方逮捕張三、李四兩名嫌疑犯，但沒有足夠證據指控二人入罪。於是警方分開囚禁嫌疑犯，分別和二人見面，並向雙方提供以下相同的選擇：

選擇 A

1. 若一人認罪並作證檢舉對方（相關術語稱「背叛」對方），而對方保持沉默，此人將即時獲釋，沉默者將判監 10 年。
2. 若二人都保持沉默（相關術語稱互相「合作」），則二人都判監 3 個月。
3. 若二人都互相檢舉（互相「背叛」），則二人都判監 2 年。

選擇 B

1. 若對方沉默，背叛會讓我獲釋，所以會選擇背叛。
2. 若對方背叛指控我，我也要指控對方，才能得到較低的刑期，所以也是會選擇背叛。
3. 二人面對的情況一樣，所以二人的理性思考都會得出相同的結論「選擇背叛」。背叛是兩種策略之中的支配性策略。因此，這場博弈中，唯一可能達到的「納許均衡」，就是雙方參與者都背叛對方，結果二人同樣服刑 2 年。
4. 這場博弈的納許均衡，顯然不是顧及團體利益的帕雷托最優解決方案。以全體利益而言，如果兩個參與者都合作保持沉默，兩人都只會被判刑 3 個月，總體利益更高，結果也比兩人背叛對方、判刑 2 年的情況較佳。但根據以上假設，二人均為理性的個人，且只追求自己個人利益。均衡狀況會是兩個囚徒都選擇背叛，結果二人判決均比合作為高，總體利益較合作為低。這就是「困境」所在。

兩人的決策模式	張三選擇： 沉默（合作）	張三選擇： 認罪（背叛）
李四選擇： 沉默（合作）	二人同服刑 3 個月	張三即時獲釋； 李四服刑 10 年
李四選擇： 認罪（背叛）	張三服刑 10 年； 李四即時獲釋	二人同服刑 2 年

公共選擇理論

經濟學家 Hammer 等人發現，當人民對政府的公信力或信賴度下降，多數納稅人會選擇節稅、避稅甚至逃稅，以彌補其主觀認為租稅制度不公平的相對被剝奪感。

我財政想問

Q 什麼是清廉印象指數（Corruption Perceptions Index, CPI）？台灣政府清廉嗎？

A 1. CPI 是國際透明組織自 1995 年起，每年發布的評估，針對世界各國民眾對於自己國家或政府腐敗或清廉的主觀感知加以評估及排名。

2. 2020 年該機構公布 2019 年 CPI 指數，第一名是丹麥，計 87 分；台灣是第 28 名，計 65 分。

10-12 個人利益與團體利益的迷思

1. 公共利益

公共利益的概念是公共財政中最古老的和最重要的概念之一。共同的、集體的或公共的利益可以定義為：

在一個由 X_1…、X_i…、X_n 組成的團體中，如果其中的 X_i 享用它，那麼該團體中的任何其他成員也不可能不享用它。

換言之，公共利益就是那種沒有為它付出代價的人也能享用的利益（非排他性）。公共利益的這種性質決定了大團體中任何個人的努力「對其所在組織的狀況的影響都微不足道，不管他是否對其組織作出了貢獻，他都能夠享受由他人的努力而實現的利益。」這樣一來就鼓勵了大團體成員「搭便車」的分配性努力。因而，大團體就不太可能自發性地實現集體利益。

學校沒教的財政潛規則

台灣早期的健保制度，病人自己負擔的比率低、費用低，許多老年長者沒大病也去醫院拿藥，拿回家也沒吃，這樣不但造成浪費，也增加國庫負擔，因此改為全民健保自己負擔比率 30%，投保單位負擔 60%，政府補助金額補助率 10%，可望改善準公共財接近免費享用，造成健保本意被扭曲，國庫納稅人的錢購買的藥品被浪費情形。

2. 個人的理性行為往往無法產生集體或社會的理性結果——奧爾森困境

當一個團體的成員人數愈多，以相同的比例正確分攤關於集體財貨物品的收益與成本的可能性就愈低；換句話說，免費搭便車（free rider）的可能性就愈大。

Chapter **10** 公共選擇

大團體比小團體更難於為集體利益採取行動，也就是所謂的「三個和尚沒水喝」。

同一團體的成員雖然抱著共同的目標，有著一致的利益，但是，他們之間同時存在著深刻的利益衝突。在大團體之中，這種利益衝突往往大於利益的一致，從而嚴重妨礙集體的公共利益實現。

對於小團體，Olson 也同樣不寄期望。他認為，雖然小團體可能有集體利益，但小團體內部是不平等的，在小團體中，不僅同樣難以取得最大限度的集體利益，而且還存在著「少數」剝削「多數」的令人驚訝的傾向。

團體成員規模愈大，參與關於開展集體行動且進行討價還價的人數愈多，從而討價還價的成本會隨集團規模的擴大而增加。由此可知，大集團比小集團更難於為集體利益採取行動。這就是奧爾森困境（Olson dilemma）。

大神突破盲點

　　早年我們有時看見公立圖書館或公立醫院、公立學校的衛生紙，剛裝上去沒多久就會整捲被偷走。許多人利用公家資源卻沒有繳稅（甚至逃稅），他還是接受國家軍人、警察的保護。子彈沒長眼睛，確實不知道誰沒繳稅，也就是 B 國打 A 國時，B 國發射的飛彈，不會分 A 國誰有繳稅、誰沒繳稅，而 A 國的軍方同樣都會為其人民抵禦 B 國的子彈攻擊。這也是「搭便車」的結果。

10-13　PPP 模式

　　PPP 模式即 Public-Private-Partnership 的字母縮寫，通常譯為「公共私營合作制」，是指政府與私人組織之間，為了合作建設城市基礎而設施專案。即公共部門與私人企業合作的模式，使政府從過去基礎設施公共服務的角色—提供者，變成一個監管者的角色。

　　PPP 模式的優點如下：

1. 消除費用的超支。
2. 有利於轉換政府職能，減輕財政負擔。政府可以從繁重的事務中脫身出來，從過去的基礎設施公共服務的提供者，變成一個監管的角色。

1. Niskanen（1971）從官僚政治的論點觀察政府支出的成長，其認為，官僚的薪資、社會對官僚體系的觀感、官僚人員額外的福利等，都與官僚規模大小有著正向關係。一般來說，官僚會追求其預算規模極大化，若官僚體系愈加龐大，則外面的人比較不容易去監測其活動，至於官僚體系內部的人，則是會更加擴大官僚體系組織與人員數量規模。

2. 此外，Mueller（1989）也發現，通常政府規模擴大時，必須增加課稅，但是執政黨為了下次選票，最好的方法是讓民眾沒有感覺到他們正在負擔更多的稅，於是民眾便會有政府的規模比實際規模要來得小的財政支出幻覺。

Ｑ 什麼是政府過剩理論（Excessive Government）？

Ａ Migue 與 Belanger 認為官僚體系在追求預算極大化之後，到了每一年預算年度結束前，往往擔心預算沒有執行完畢，被立法檢討或下年度不給一樣預算或刪除預算，而淪為「消化預算」，拚命買一些沒有必要的物品或執行沒實質意義的科研計畫，造成公共支出規模浪費，資源配置無效率。記得有些縣市每到年底，就會鋪柏油，明明馬路沒有坑坑疤疤，為什麼要鋪柏油呢？也許政府過剩理論有答案。

Chapter 11

福利經濟學

11-1　福利經濟學簡介

　　福利經濟學（welfare economics）旨在探討什麼是整個經濟體系應具備或需要的？並認定何種政府經濟功能對整體社會有益，福利經濟學不同於實證經濟學（positive economics），它的分析基礎必須很清楚顯示什麼對整體社會而言是好的、什麼是壞的價值判斷。

誠實納稅是社會福利的後盾

社會福利的財源主要來自稅收，納稅人逃稅造成財庫收入減少，國家便沒有多的錢能幫助社會上弱勢團體或老人。

11-2 福利經濟學的價值判斷指標

1. 兩大指標

(1) 經濟效率（economic efficiency）	政府必須檢驗當前社會的經濟資源配置是否已經達到社會福利最大（如何把社會福利的餅做大）。
(2) 分配公平（distributional equity）	• 政府必須檢驗當前所得與財富的分配是否合乎公平正義原則（如何公平地分配社會福利大餅）。 • 例如：福利經濟學可以利用經濟效率與分配公平的概念，去評估某種社會救助計畫是否是協助並改善一國社會中的低所得家庭最好的制度。

2. 如何判定經濟體系的資源配置（resource allocation）已經達到經濟效率？

帕雷托認為：改變經濟體系現有的資源配置後，部分甚至所有經濟個體所享受的效用較改變前為高，且沒有任何經濟個體效用受到減損，可視為此種配置的改變具有帕雷托社會福利改善（Pareto improvement in social welfare）的效果。帕雷托最適狀態的優點在於它不須比較不同經濟個體的效用，因為具有帕雷托社會福利改善效果的資源配置只有贏家（winners）而沒有輸家（losers）。

3. 帕雷托效率可能造成貧富差距拉大

帕雷托效率準則是以個人福祉（well-being）的變化，而非以不同經濟相對福祉的變化為衡量基準。舉例來說，若資源配置的改變讓所有窮人的福祉維持不變，卻讓富人福祉有所提升，則這種改變雖符合帕雷托效率改善原則，但不少人會認為這項改變會造成窮人與富人財富差距擴大，社會階層間的關係緊張，對整個社會平衡不利。

是否奏效的價值判斷指標

經濟效率

分配公平

11-3 福利經濟定理

福利經濟第一定理（The first theorem of welfare economics）

1. 第一定理是指在 (1) 完全競爭；(2) 沒有外部性；(3) 完全訊息；(4) 不存在規模經濟，如果企業都追求利潤，每個個人都追求自己的效益最大化，市場自然就可以達到一個社會最優的資源配置。

2. 第一定理保證了競爭市場可以使貿易利益達到最大，即任何競爭市場所達到的均衡分配必定是帕雷托有效配置。在完全競爭條件下，市場競爭能夠透過價格有效率的協調經濟活動，從而配置有限的稀缺資源。

3. 第一定理認為政府為了實現公平而干預市場定價，有可能導致市場低效率。

福利經濟第二定理（The second theorem of welfare economics）

1. 依據福利經濟學第一定理，在政府並未介入時，透過價格機能的過程，只能保證達到帕雷托最有效率的市場，但是卻無法保證所得分配是公平的，而往往在自由競爭的情況下，資源大多流向較具生產力的經濟個體，長期之下，貧富差距逐漸擴大，所以所得重分配，是無法藉由價格機能達成，價格機能僅能達成資源配置效率。

2. 每個人的福利狀態取決於他初始資源的擁有狀態。所以福利經濟學第二定理認為政府要想調節社會間的福利水準，應該對每個人的原始資源配置狀態進行干預和調整。

第一基本定理 VS. 第二基本定理

福利經濟學

第一基本定理
- 充分競爭
- 沒有資訊不對稱
- 沒有外部性

→ 達到帕雷托最適

第二基本定理
- 指在完全競爭的市場條件下，政府所要做的是改變個人之間秉賦的初始分配狀態
- 其餘的事情由市場來解決，每一種具有帕雷托效率的資源配置，都可以透過市場機制來實現完成

11-4 社會福利函數

社會福利函數類型

| 羅斯函數 | 功利主義函數 | 邊沁主義函數 | 納許函數 | 阿特金森函數 | 平等主義函數 |

1. 羅斯社會福利函數（Rawlsian Social Welfare Function）

函數型態：$SW = Min (U_1, U_2, ..., U_n)$

(1) 是指社會福利水準的高低，取決於社會中最低所得者之福利水準，唯有提高最低所得者的福利水準，才能提升社會福利。故羅斯社會福利函數又稱為極大化最小社會福利函數（Maximin Social Welfare Function）。

(2) 羅斯認為每人應該要擁有相同的原始地位（original position），人們對於未來處於何種社會地位不得而知，因此亦不知道自己最終會成為貧窮或富有，羅斯相信在原初地位時，政府應該來保障社會的弱勢團體，藉此能使每個人落入貧窮時所面臨的風險得以降低。

(3) 羅斯認為社會中的每個人確實會因為機會、天賦以及自身的努力程度上之差異而造成所得分配不同，但是政府只需要針對提高最低效用者之政策努力便可。

2. 功利主義式社會福利函數（Utilitarian Social Welfare Function）

函數型態：$SW = U_1, U_2, ..., U_n$

功利社會福利函數考慮經濟體系下的每一個人，只要其中一人福利上升，社會福利亦會跟著增加，因此此種社會福利函數在追求社會福利最大時，係追求最大多數人的最大福利，因為深受資本主義偏好，因此稱為功利主義式社會福利函數。

3. 邊沁社會福利函數（Bentham Social Welfare Function）

函數型態：$SW = U_1 + U_2 + ... + U_n$

邊沁提出上述的社會福利函數型態，是考慮全體經濟個體之效用，因此又稱為加總型社會福利函數（Additive Social Welfare Funciton），此外，由於其函數型態是對每個人的效用均給予相同的權重，因此又被稱為「簡單功利社會函數」。

4. 納許社會福利函數（Nash Social Welfare Function）

函數型態：$SW = U_1 \times U_2 \times ... \times U_n$

即社會福利水準為所有社會成員效用水準的乘積，該函數形式有以下缺點，也就是當某一效用水準為負，其他效用水準為正時，社會福利水準也為負。

5. 阿特金森的社會福利函數（Atkinson's Social Welfare Function）

函數型態：$W = \dfrac{1}{1-a} \sum_{i=p}^{r} \left[(x^i)^{1-a} \right]$

該函數把社會成員分為窮人（p）和富人（r）兩部分，他們的間接效用函數分別為 Xp 和 Xr，a 為表示厭惡不平等的參數，a 愈大，表示社會愈厭惡不平等，愈重視窮人的效用，加在窮人效用水準上的權數愈大。

6. 平等主義社會福利函數（Equalitarian Social Welfare Function）

函數型態：$SW = U_1 = U_2 = ... = U_n$

(1) 認為商品應該在所有社會成員間平均分配，社會所有成員應該得到完全相同數量的商品。
(2) 平均主義的福利函數的社會無差異曲線是指雙方效用相等。

社會福利函數速記表

名稱	觀點	訴求
羅斯社會福利函數	每個人有相同的原始地位	政府要提高最低所得者的福利水準
功利主義式社會福利函數	只要一人福利上升，社會福利上升	追求最大多數人的最大福利
邊沁社會福利函數	對每個人的效用給予相同權重	全體效用的總合最大
納許社會福利函數	當某一效用水準為負，社會福利水準也為負	所有成員的效用乘積最大
阿特金森社會福利函數	社會分為窮人與富人	社會愈重視不平等，加在窮人效用水準上的權數愈大
平等主義社會福利函數	商品應在所有社會成員間平均分配	社會所有成員應得到相同數量的商品

我財政想問

Q 商品均等主義（**Commodity Equalitarianism**）？

A 1. 商品均等主義是 James Tobin 所提出，他認為公平並不一定要與上述的所得均等化相符才算達成，他指出，只需在某些特定財貨（本書作者認為應該是民生必需品）使得每個人均能擁有，便可達成公平的意涵，這是 James Tobin 商品均等主義的觀點。

　 2. Robert Zoick 提出公義理論（Distributive Justice），他認為公義不應該以財富的分配來衡量是否為公義，他指出只要所得的獲取來源具有正當性即可。他分析，每個人的所得增加係認真努力工作而取得，如果把該所得轉移給不認真工作的人，他這裡指的是低所得者，如此一來，反而有違公平的概念，所以他主張每個人可以保有他從合法與公義途徑得來的財富，每個人也有權從合法和公義的途徑轉讓自己的財富，如果政府只對工作的人課稅，便是違反公義，因此對高爾夫球會員證課稅，等同對人們的休閒課稅，才符合租稅公義。

　　基礎邊際外部性（inframarginal externality）是指現實環境中部分外部性的影響十分微小，即使外部性的發生也不會影響到最適效率的配置；換言之，即使出現外部性，但是並未表現在市場邊際利益或邊際成本上，因此由市場決定之產量與最適社會產量相同，不會產生無效率，此時，政府無須介入干預。

我財政想問

Q 金融外部性與技術外部性有何差異？舉例說明。

A 1. 金融外部性（pecuniary externality）指的是因為生產或消費行為的改變，導致市場原有均衡數量與價格的改變，這類外部性不會降低資源配置效率，但是會改變生產者與消費者彼此之間的所得狀態。

　　例如：淡海新市鎮原本的房價不高，後來淡海輕軌通車之後，遷入的人口增加，對房屋需求增加，需求曲線由原來的 D_0 向右移至 D_1，由於短期內房屋供給沒有太大增加，供給曲線由 S_0 右移至 S_1，最後造成市場均衡價格由 a 點移動到 c 點，價格機能到達新的最適狀態。

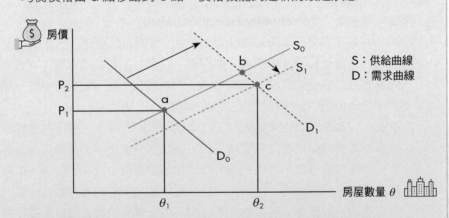

2. 技術性外部性（technical externality）是指工廠排放廢水，受汙染一方無法要求賠償，廠商也不會主動負擔其對社會造成的傷害，此時即市場失靈，價格機能與產出偏離資源有效的產出水準。

11-6 帕雷托判斷準則

1. 帕雷托效率（Pareto Optimal Allocation）

(1) 消費者在面對體系下既有的 X、Y 兩財貨數量及兩財貨之市場價格 Px 及 Py，在原先二人所擁有的財貨數量，透過不斷的交換，進而提升自身效用（此為帕雷托改善），直到無法在不損他人滿足程度下，而提升自身效用的方式交換，此時達成交易效率，稱為帕雷托效率。

(2) 帕雷托效率是指增加某一人之效用，而須減少另一人之效用。

2. 帕雷托改善（Pareto Improvement）

(1) 是指生產者面對體系既定的投入要素資本（K）與勞動（L），將資本與勞動分配給兩部門分別生產財貨 X 與 Y，在原先兩部門所擁有的投入要素，透過不斷的交換，進而提升兩部門之產量。

(2) 在帕雷托改善情況下，增加某一人之效用，而無須減少另一人之效用。

帕雷托效率 VS. 帕雷托改善

01 帕雷托效率

增加某人效用，須減少另一人的效用或未達到最優點

02 帕雷托改善

增加某人效用，無須減少另一人的效用

3. 帕雷托效率與帕雷托改善的異同

當社會福利在未達帕雷托配置效率之前，可藉由在不減少他人之效用，提升自身福利之帕雷托改善，並且不斷透過帕雷托改善的過程，最後可以達到帕雷托配置效率，並且無法在不損及他人利益之下而增加自己利益。

4. 案例

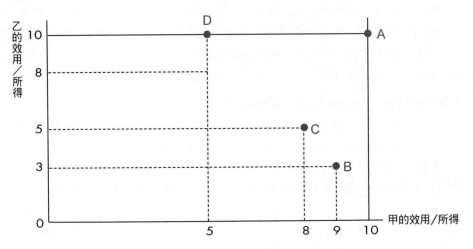

(1) 由上圖可知，甲乙兩人，當效用／所得，出現在 C 點表示兩人效用／所得＝（甲：8，乙：5），當位於 B 點，變成（甲：9，乙：3），甲效用／所得增加，但是乙的效用／所得減少。D 點是甲減少，乙增加，即（甲：5，乙：10），以上由 C 點出發，D 點與 B 點均是帕雷托效率。

(2) 最後雙方交易結果達到 A 點（甲：10，乙：10）為帕雷托改善，效用最大。

11-7 偏好誤識理論

　　美國學者 Richard W. Tresch 從理論上提出了偏好誤識問題。他認為由於資訊不完全，中央政府在提供公共產品過程中，存在著失誤的可能性，易造成對公共產品的過量提供或提供不足。而由地方政府來提供公共產品，社會福利才有可能達到最大化。

我財政想問

Q 哪些公共福利政策不適合由地方政府來執行？

A 1. 就效用主義，極大化社會福利需將富者所得移轉給窮人，不過由於地方居民會選擇以腳投票（voting by foot），A 地方政府為了改善地方居民所得重分配，可能對富人課重稅，若真的實施高稅負，將會使多數的富人移出 A 地區，遷移至稅負相對較低的 B 區。

2. 另一方面，提高窮人的福利會使其他福利較差地區的窮人移入 A 地區。造成 A 地區地方財政收支的惡化。

3. 因此，如果公共政策本身無法將個人租稅負擔與公共政策利益有效連結，該公共福利政策便不適合由地方政府來執行。

4. 此外，包括國防、義務教育等公共政策，也應由中央政府統籌調配，不適合由地方提供。

11-8　庇古的財政移轉效應

　　經濟學家庇古（Pigou）提出「相對富有者」移轉資源予「相對貧窮者」可促進經濟發展。因為錢留在富人手中只會儲蓄（或投資），但到窮人手中會馬上消費，從而促使經濟成長，至於富人雖然因此多繳稅費，但會自行調整，尚不至於就此減少消費。庇古提出，根據貨幣邊際效用，100 元對富人而言並不起眼，但對窮人而言，邊際效用極大，所以「移轉」（transfer），只是犧牲相對微弱的「富人」欲望，卻滿足相對強烈的「窮人」欲望，故能增加滿足（欲望）的總量，提升經濟成長。

大神突破盲點

　　在福利經濟理論裡，如同布坎南所說：「人是自利的，追求效用的最大化，在市場中如此，在公共領域中也是如此。 個人由市場中的買者或賣者轉變為政治過程中的投票者、政治家、納稅人或官員時，他們的品性不會發生變化。」可以說，公共選擇把個人的目的性放在首位，用個人的行為目的來解釋政治過程，它展現的是政治過程的個人主義理論。

在福利經濟學中，布坎南認為「人是自利的，是效用最大化的追求者，公共選擇把個人的目的性放在首位。」

租稅個論

財政私房菜

　　知名藝人林志玲 2003 至 2004 年度的綜所稅，被國稅局認定她的演藝收入屬於「薪資所得」，報稅時只能扣除薪資扣除額，不能比照「執行業務所得」扣除 45% 費用，因而要求林志玲補稅，雙方看法不同，最後財政部於 2010 年底特別增訂「林志玲條款」，在「執行業務者費用標準」中，明訂「演藝人員」有十類，將模特兒納入。但並非所有模特兒都可以適用，模特兒仍須符合自負盈虧、無僱傭關係等標準，其收入才可視為執行業務所得。若以經紀公司名義簽約接案，再指派藝人演出，還是會被認定為「薪資所得」。

1. 文化產業的免稅規定

　　現行《所得稅法》第 23 條規定：個人稿費、版稅、樂譜、作曲、編劇、漫畫及講演之鐘點費之收入免稅。但全年合計數以不超過 18 萬元為限，由於出版作品是一種依靠較高智力創作的精神作品，它與社會的物質文明與精神文明關係密切，具有教育功能的特殊性，它的報酬相對偏低，為了鼓勵個人從事文化創

作，稿酬所得應與一般勞務所得相區別並給予適當的優惠照顧，因此建議修訂該條文，將許多年未調整的 18 萬元上限，適度調高。

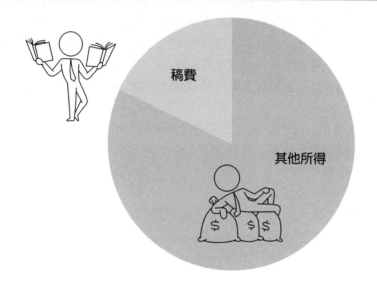

建議提高稿費版稅等 18 萬免稅額度

稿費

其他所得

學校沒教的財政潛規則

　　阿忠和太太今年初到寺廟添 1,000 元「點光明燈」；小明屬鼠，今年鼠年犯太歲到廟宇繳 2,000 元「安太歲」等名目的收據，並非是捐贈性質，不得作為綜合所得稅列舉扣除額。此外，獅子會或扶輪社會員、社員繳交的年費、入會費等性質的款項，並不屬於捐贈性質，不得作為綜合所得稅列舉扣除額。

2. 所得相同，稅負不同

　　證券交易所得稅，曾經在民國 1989 與 2015 年開徵，巧合的是當時的財政部長郭婉容女士與劉憶如女士是母女關係，民國 78 年復徵失敗，有人歸咎於電腦輔助技術無法克服和逃漏稅引發股市人頭戶猖獗，立法院會議於 2015 年 11 月 17 完成三讀通過，刪除《所得稅法》第 14 條之 2 條文，及修正第 4 條之 1 與第 126 條條文，自 2016 年 1 月 1 日起，證券交易所得停止課徵所得稅，證券交易損失亦不得自所得額中扣減。對於證券交易所得稅 2016 年 1 月起停徵，真正原因說法不一。有人認為應該是受到市場投資人的反對與市場主力財團對立法院施壓所致，草率收場。租稅理論指出股市獲利愈高，繳稅是天經地義的事，但是公主復仇記的下場還是敵不過投資人與財團以及立委諸公的選票壓力，正如美國前總統柯林頓說的一句名言：「笨蛋，問題出在政治。」

　　甲擁有股票投資資本利得 100 萬，乙擁有勞動所得 100 萬，結果甲免繳證券交易所得稅，而乙的勞動所得要納綜合所得報稅，似乎違反所得相同者應繳稅額相同之租稅水平公平原則。

小時事大知識

證券交易所得稅停徵，不表示免稅喔！

　　證券交易所得稅停徵，並不表示自 2016 年起，個人出售股票一律免稅喔！唯有買賣《公司法》第 162 條規定簽證的股票，才被認定為完成法定發行手續，其交易所得才被視為證券交易，免納所得稅。至於其他非依《公司法》第 162 條規定簽證之股票交易，包含：(1) 有限公司的股東轉讓出資額。(2) 股份有限公司沒有發行股票。(3) 股份有限公司發行之股票未依《公司法》第 162 條規定簽證者。當股東轉讓出資額或所持有股票時，其所得屬於《所得稅法》第 14 條第 1 項第 7 類財產交易所得，並非證券交易所得。財產交易之交易所得應合併當年度所得總額申報綜合所得稅。若為營利事業，則依《所得稅法》第 24 條規定，課徵所得稅。

 **12-2　兩稅合一**

1. 台灣 **2018** 年通過的「完全整合兩稅合一所得稅制度」，主要內容，如下：

項目	內容
(1) 境內個人股利所得	廢除兩稅合一部分設算扣抵制，改採股利所得課稅新制，以下列方式二擇一： 方式 1：單一稅率 28% 分開計稅 方式 2：併入綜合所得總額計稅
(2) 股利扣抵稅額	以股利所得 8.5% 計算可抵減稅額（上限 8 萬元），抵減有餘可以退稅
(3) 營利事業所得稅稅率	稅率 20%；但營利事業課稅所得在 50 萬元以下者，2018 年稅率為 18%，2019 年稅率為 19%，2020 年以後始按 20% 稅率課稅，分三年逐步調高至 20%
(4) 未分配盈餘加徵營利事業所得稅稅率	稅率 5%
(5) 獨資合夥人落實完全整合兩稅合一	原規定獨資合夥組織在 2015 年之後，就其盈餘繳納半數營所稅，2018 年修正為免繳營所稅，未來獨資合夥業主僅須就全部該事業的課稅所得，直接歸課綜合所得稅

2. **我國 2018 年對企業未分配盈餘加徵營利事業所得稅修正後，2020 年起，個人申報所得稅如何適用？**

(1) 實施兩稅合一後，由於綜合所得稅的法定最高稅率為 40%，而營利事業所得稅的法定最高稅率為 20%（但課稅所得額在 50 萬元以下之營利事業，分 3 年逐年調高 1%，即 2018 年度為 18%、2019 年度為 19%、2020 年度及以後年度為 20%），兩者相差 20 個百分點。

(2) 如公司將盈餘保留不分配，盈餘所負擔的稅負為公司階段的所得稅負，最高為 20%；如公司將盈餘分配，盈餘係負擔股東階段的所得稅負，最高為 40%；所以公司可藉盈餘的保留方式為公司的大股東合法節稅，規避稅負。

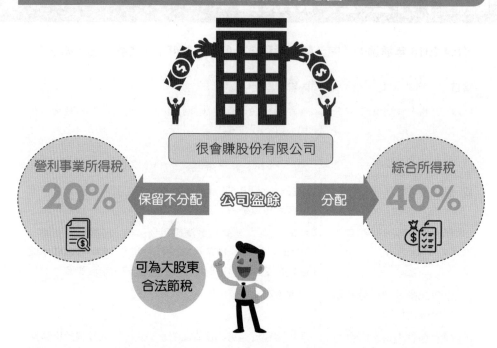

利用稅制規避稅負示意圖

很會賺股份有限公司

營利事業所得稅
20%

保留不分配　公司盈餘　分配

綜合所得稅
40%

可為大股東
合法節稅

(3) 為了減少此種規避稅負的誘因，縮小公司所得稅與個人所得稅最高稅率的差距，避免租稅不公平，我國 2018 年實施完全整合兩稅合一，將原先營利事業未分配盈餘加徵營所稅稅率由 10% 調降為 5%，適度減輕須藉保留盈餘累積自有穩定資金之企業所得稅負，協助對外籌資不易及中小型新創企業累積未來轉型升級之投資動能。依照 2018 年對企業未分配盈餘加徵營利事業所得稅修正後規定，2018 年 1 月 1 日起，2020 年 5 月申報 2018 年未分配盈餘加徵所得稅適用新規定；2019 年 5 月申報 2017 年未分配盈餘加徵所得稅仍需適用舊制。

2018 年完全整合兩稅合一，境內個人股利所得可擇一選擇

單一稅率 28%
分開計稅

併入綜合所得
總額計稅

12-3 分離課稅

分離課稅牴觸個人所得量能課稅精神！

　　首先，我們看一看股利所得分離課稅，目前我國股利所得採取部分兩稅合一制，1998 年設計兩稅合一目的在於避免發生同一個來源所得重複課稅情形，由於公司為法人，股東為個人，目前學界對於兩稅合一是否重複課稅，看法分歧。

　　2018 年通過兩擇一方案，允許個人在公司階段所領取的股票股利所得，直接在公司階段以分離課稅方式課徵單一稅率 28%，等於宣告取消兩稅合一，在稽徵上較簡單便利；換句話說，股東個人未來將不再享有股利所得減半扣抵當年度綜合所得稅的租稅減免優惠；但是股利所得不併入個人其他 10 類所得合併申報個人所得稅並適用累進稅率納稅，明顯牴觸了包括所得等直接稅目應集中不應分離課稅，並應依累進稅率原則課稅的量能課稅精神。

先人辭世，遺產稅記得繳

兩稅擇一，誰才是笑到最後的人？

　　富人財富主要是股票與房產，目前國內前一百大上市櫃公司老闆與大股東，其所得來源主要是股票股利等資本利得，富人持有大量高額股利所得在公司階段扣除營所稅後，按照現行稅法規定，必須將數千萬甚至上百千億的股利所得併入其個人綜合所得，課以 40% 的最高邊際稅率。如果有 100 億的股利所得，就必須繳納將近 40 億的個人所得稅。

　　按照 2018 年通過實施的稅改版本，富人 100 億的股利所得，兩方案擇一只需繳納 28 億的稅，此後該 100 億股利所得，完全分離課稅，不用再併入該富人個人綜合所得十大類所得合併申報課稅；換句話說，即便富人不能再享受完全整合兩稅合一制以前，公司階段已繳納營所稅後的股利所得減半課稅利益，但是假設以 100 億元股利所得計算，富人每年確定少繳納國庫 12 億稅。這還不包括 2018 年將個人所得最高邊際稅率由 45% 降為 40%，對適用所得最高邊際稅率的富人，可以少繳 5% 個人所得稅率。

　　2018 年稅改確實對一千多戶富人有大利益，儘管企業大老闆的營所稅將由現行 17% 調升至 20%，但是幅度不大，而且營業稅屬於累退稅，調高營業稅率，賣方容易透過租稅轉嫁方式把稅負轉 給消費者負擔，公平程度下降，兩相比較，不難發現與所得稅薪資扣除額、標準扣除額、身障扣除額等區區數千元減稅小惠施與中產階級相較，股利所得單一稅率 28% 分離課稅兩擇一方案，對富人明顯較有利。

12-4　肥咖條款

1. 肥咖（FATCA）條款 CRS（common reporting standard，共同申報準則）
   防堵個人海外所得逃稅
   (1) CRS 的概念是來自美國的《美國海外帳戶稅收遵從法》（FATCA），其
       主要的精神，是各國政府透過交換訊息，讓全球金融帳戶透明化，以打擊
       利用海外帳戶跨國逃稅和不合理避稅的行為，使藏匿在海外免稅天堂的
       所得無所遁形。共同申報準則自 2017 年開始實施，目前已經有法國、英
       國、中國等 100 多個國家加入。
   (2) 2017 年交換 CRS 資訊的國家有 49 個、2018 年交換的有 53 個、2019 年
       交換的 1 個、2020 年交換的 2 個。

肥咖條款讓逃稅者無所遁形

2. 「共同申報準則」俗稱台灣版的肥咖條款 CRS，在哪些稅法規章可以見到呢？
   財政部為因應國際新資訊透明標準之要求，於 2017 年 6 月 14 日增訂公布《稅
   捐稽徵法》第 5 條之 1、第 46 條之 1，嗣分別於同年 11 月 16 日及 12 月 7
   日訂定發布「金融機構執行共同申報及盡職審查作業辦法（下稱 CRS 辦法）」
   及「租稅協定稅務用途資訊交換作業辦法」。根據 CRS 精神於 2017 年《稅
   捐稽徵法》配合增訂以下條文，並於 2020 年 9 月與日本、澳洲進行第一次
   CRS 交換資訊。

《稅捐稽徵法》第 5 條之 1	財政部得本互惠原則，與外國政府或國際組織商訂定稅務用途資訊交換及相互提供其他稅務協助之條約或協定，於報經行政院核准後，以外交換文方式行之。與外國政府或國際組織進行稅務用途資訊交換及提供其他稅務協助，應基於互惠原則，依已生效之條約或協定辦理；條約或協定未規定者，依本法及其他法律規定辦理。
《稅捐稽徵法》第 46 條之 1	有關機關、機構、團體、事業或個人違反第 5 條之 1 第 3 項規定，規避、妨礙或拒絕財政部或其授權之機關調查或備詢，或未應要求或未配合提供有關資訊者，由財政部或其授權之機關處新台幣三千元以上三十萬元以下罰鍰，並通知限期配合辦理；屆期未配合辦理者，得按次處罰。未依第 5 條之 1 第 3 項第 2 款後段規定進行金融帳戶盡職審查或其他審查者，由財政部或其授權之機關處新台幣二十萬元以上一千萬元以下罰鍰。

12-5 海外所得

是不是我國所有海外所得，都會被要求繳稅？

不一定。

個人海外所得是透過「最低稅負制」來課稅，但是繳稅與否，必須透過「層層關卡」確認：

1. 申報者應檢視申報戶「全年海外所得」是否達 100 萬元，未達標者，海外所得無須納入計算。

2. 「全年海外所得」超過 100 萬元，應再加計其他「應計入基本所得額之項目」後（例如：受益人與要保人不同的人壽保險及年金保險給付，或非現金捐贈金額及綜合所得淨額），再計算「基本所得額」。「基本所得額」未達 670 萬元者，沒有繳納基本稅額的問題。

3. 若「基本所得額」超過 670 萬元，要先扣除 670 萬元，再將餘額以 20% 稅率計算「基本稅額」。並將「基本稅額」與「一般所得稅額」比較，若基本稅額小於一般所得稅額，一樣沒有繳納基本稅額的問題。

若「基本稅額」超過「一般所得稅額」，還要確認是否有「海外已納稅額」可扣抵。若海外已納稅額扣抵金額小於上述差額，才須按不足扣抵數繳納基本稅額。

海外所得認定，須過三關

| 「全年海外所得」是否達 100 萬元 | 加計其他「應計入基本所得額之項目」後，計算「基本所得額」 | 「基本所得額」是否達 670 萬元 | 「基本所得額」扣除670萬元後，再以20%計算「基本稅額」 | 若「基本稅額」小於「一般所得額」，也不用繳；若為大於，則需扣掉「海外已納稅額」，再繳交所得稅 |

我國 2019 年通過《境外資金匯回管理運用及課稅條例》，有人擔心個人境外資金匯回需課重稅而躊躇不前。事實上，海外所得匯回國內與是否一定要繳稅並無必然關係。

我財政要想

　　國內所得愈高者，其海外所得無須課稅的機會就會愈高，是真的嗎？舉例說明如下。雖然同樣是 720 萬的海外所得，但因為國內的所得適用稅率不同，導致所得淨額較高的情況，其海外所得無須課稅，而所得淨額較低者，其海外所得須課稅。

比較項目		情況甲	情況乙
綜合所得稅	綜合所得淨額	5,000,000	1,000,000
	適用累進稅率	40%	12%
	累進差額	829,600	37,800
	綜合所得稅應納稅額（A）	1,170,400	82,200
所得基本稅額	海外所得	7,200,000	7,200,000
	＋綜合所得淨額	5,000,000	1,000,000
	－扣除額	(6,700,000)	(6,700,000)
	＝基本所得額	5,500,000	1,500,000
	稅率	20%	20%
	所得基本稅額（B）	1,100,000	300,000
需補繳基本稅額與一般所得稅額之差額（B）－（A）		0	217,800

12-6 保留盈餘稅

公司的保留盈餘加徵稅率，應該訂定多少才是合理？

現行《所得稅法》第 66 條之 9 規定	自 87 年度起至 106 年度止，營利事業當年度之盈餘未作分配者，應就該未分配盈餘加徵 10% 營利事業所得稅；自 107 年度起，營利事業當年度之盈餘未作分配者，應就該未分配盈餘加徵 5% 營利事業所得稅。

　　數年前，媒體報導台積電創辦人張忠謀認為，保留盈餘稅是反成長稅，因公司保留盈餘，多用於未來的投資需求，持續投資才能把餅做大，課稅將影響企業尋找創新產品的機會，是不合理的。他認為企業多賺錢多繳稅，是天經地義，支持營所稅提高，但未分配盈餘課稅就是「反成長稅」，企業追求附加價值，也會帶動經濟成長，若未分配盈餘得課稅，將打擊企業投資減少。不過建議可以訂定企業未分配保留盈餘如果在 5 年內未再投資生產的話，將恢復課徵 10%，以避免企業以《所得稅法》第 66 條之 9 作為避稅的避風港，尤其近年許多上市櫃公司不發放現金股利的原因，可能與稅率降為 5% 有關。

保留盈餘稅的課與不課

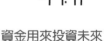

真會賺股份有限公司

公司賺錢　　　　　　　盈餘保留不分配　　　　　　資金用來投資未來

課稅會不會影響投資意願，反而阻礙發展呢？

保險給付指定受益人，最好指定兩位以上，為什麼？

1. 保險目的，在於分散風險；《遺產及贈與稅法》規定，保險給付不計入遺產總額課稅之立法意旨，是考量被繼承人為保障並避免其家人因其死亡失去經濟來源，因此萬一被保險人發生不幸事故，其經指定受益人之保險給付，不必計入被繼承人之遺產課稅，可減輕繼承人遺產稅的負擔。

2. 一般民眾投保時，往往僅指定一名親屬為唯一的受益人，例如：已婚者通常以配偶互為受益人，未婚者則指定以父或母其中單獨一人，然而萬一被保險人與唯一指定受益人同時發生不幸事故時，則因為指定受益人已身故，當被保險人之繼承人領得保險給付時，就必須將該保險給付併入被保險人之遺產申報課稅，喪失原始投保之本意。多年前，中央銀行許總裁夫婦搭機在桃園大園空難事件中同時不幸罹難，如果許先生指定太太一人為受益人，其子女領取的保險金就必須要課遺產稅。

3. 因此民眾投保時，盡量依照順序，指定一位以上的親人為保險受益人，最後要記得填上「法定繼承人」字樣。

投保節稅小撇步：指定兩位受益人

12-8 奢侈稅

建議我國應修改「稅務違章案件減免處罰標準」，提高短漏報奢侈稅納稅義務人的罰鍰倍數，並取消奢侈稅額漏稅額未達 5 萬元（即漏報交易額 50 萬元以上）免罰的規定。

1. 政府課稅，納稅人最在意的是租稅公平，經濟能力相同的人要繳一樣的稅，或是所得高的人繳的稅多，所得低的人繳的稅少。但是很多人賺很多錢卻不用繳稅，或繳很少的稅。

2. 台灣 2011 年實施奢侈稅（luxury tax），課稅對象是針對 300 萬元以上的小客車、遊艇、自用飛機，每次銷售價格 50 萬元的俱樂部入會費，每件銷售價格 50 萬元以上的珊瑚、象牙、家具的買方，持有期間在一年以內者，適用 15% 稅率，持有期間超過一年以上的稅率為 10%，只是不解，單筆銷售價格超過 300 萬的珠寶，卻免繳奢侈稅。此外，抗稅是人的本性，富人不一定肯誠實繳納奢侈稅，加上目前「稅務違章案件裁罰金額或倍數參考表」所訂罰則，不管是廠商或是購買奢侈品的買方，漏報、短報或未申報奢侈稅者，一年內查獲 2 次以上，只按所漏稅額處 2.5 倍罰鍰，再按「稅務違章案件減免處罰標準」規定，奢侈稅額漏稅額未達 5 萬元（即漏報交易額 50 萬元以上）免罰，等於變相暗示商家將每次銷售價格 50 萬元的俱樂部入會費，與每件銷售價格 50 萬元的家具、珊瑚、象牙，一律以 499,999 元出售，變相默許商家開立以少報多的奢侈品銷售發票，或是漏報漏開發票，因為逃漏沒有被查到，即可完全免繳稅，萬一不幸被查到，也只需補繳稅，不會被處以罰金。最後可能只剩下銷售價格 300 萬元以上的小客車、遊艇、自用飛機等極少數人申報奢侈稅，如此恐與奢侈稅當初的立法精神相違。

3. 當初對龜殼、玳瑁、珊瑚、象牙、毛皮及其產製品：每件銷售價格或完稅價格達 50 萬元以上課徵奢侈稅，目的就是希望透過重稅，實踐《野生動物保育法》保護保育類野生動物，以免牠們被過度濫捕，導致滅絕。

4. 再者，富人也可能會借人頭戶逃漏奢侈稅，造成稅收嚴重短徵。因此，建議提高短漏報奢侈稅納稅義務人的罰鍰倍數，並取消奢侈稅額漏稅額未達 5 萬元（即漏報交易額 50 萬元以上）免罰的規定，以落實租稅公平與正義。

1. 旅遊發展稅

　　馬來西亞四季如夏，擁有許多古蹟和海島，每年吸引許多外國遊客前往旅遊。但馬來西亞 2017 年開始課徵旅遊發展稅（tourism tax），境內所有飯店業者根據飯店等級，向房客徵收馬幣 2.5 元至 20 元（約新台幣 17 元至 141 元）不等的旅遊稅，未繳旅遊稅的遊客將被禁止離境，直到繳清為止。不過馬國規定住宿客房不足 10 間的民宿則均無須徵收旅遊稅，但必須事前向當地關稅局登記。

　　此外，日本政府設立國際觀光旅客稅法（簡稱出國稅），為了開闢財源，用來向海外推廣日本旅遊情報，並改善觀光設施資源，從 2019 年 1 月開始，只要從日本出國的旅客，無論是日本本國人還是外國旅客，都必須付 1,000 日圓（約新台幣 280 元）的出國稅，但機組人員、轉機旅客，以及未滿 2 歲的兒童，則不在課稅範圍內。

馬來西亞要課旅遊稅

2. 寵物稅

(1) 目前開徵寵物稅的國家主要有德國、荷蘭、芬蘭與中國。開徵寵物稅的目的，主要是為了降低流浪犬的數量，希望狗主人不要隨便棄養而造成環境與衛生問題。寵物稅最貴是德國，單隻狗要繳約台幣 350 到 7,000 元不等的稅；在荷蘭，養超過三隻狗就屬「養殖場」規模，稅金可高達台幣 13,600 元。

(2) 行政院農業委員會曾經在 2015 年在公共政策網路參與平台上，提出「規劃寵物相關稅收專款專用，解決流浪犬管理經費不足問題」議題，遭到民眾反對，事實上，正如歐美國家，寵物稅可以加強飼主責任，以避免任意飼養又棄養，造成環境衛生汙染。

寵物也要課稅嗎？台灣目前還不用！

3. 環境保護稅（environmental tax）

(1) 中國在 2018 年 1 月 1 日起施行《環境保護稅法》，根據法律，徵收環境保護稅後，排汙費將不再徵收。可以解決各地方政府自行徵收規費，產生標準不一的問題，直接向環境排放應稅汙染物的企業事業單位和其他生產經營者課徵環境保護稅，從規費辦法升級至法律層級，意味著，無論是跨國巨頭，

還是國企、民企，都要依法完稅，並將其對環境保護的責任和義務，體現在實質性的稅收上。

(2) 台灣目前尚未有環境保護稅法，建議參考世界各國「綠色稅制」的主流趨勢，以環保稅法取代現行排汙規費方式。畢竟相較於排汙費，稅收的透明度、公平性更高。最重要的是從「排汙費」到「環保稅」，增強了法律的剛性，減少了彈性，可以避免一些地方縣市長面對所轄縣市廠商排汙徵費的人情包袱。

「有殼階級」需繳納房屋稅

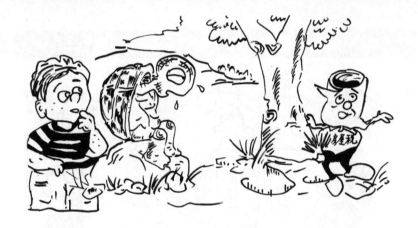

4. 碳稅

　　是指一國政府透過對二氧化碳排放所徵收的稅，鄰近的日本與韓國已分別在 2012 年及 2015 年開徵碳稅，事實上，若是以土地面積平均量來衡量，台灣的二氧化碳排放量不低，透過碳稅的開徵，可以激勵企業使用清潔能源和可再生能源，減少溫室氣體的排放，尤其台灣或部分國家地區仍然有煤電廠，使用煤炭來燃燒發電，造成環境汙染，對附近居民住戶的生活品質水準下降，這些都是碳稅課徵的理由。

財政專題分析

　　稅收指數化（tax indexing）真的是經濟學家弗利德曼所稱「無須議會通過的稅捐」嗎？以下用台灣為例加以分析。

　　目前除了綜合所得稅，我國實施指數化調整的，還有土地增值稅、遺產稅、贈與稅，以及所得基本稅額。

《所得稅法》 第 5 條	綜合所得稅之免稅額，以每人全年六萬元為基準。免稅額每遇消費者物價指數較上次調整年度之指數上漲累計達 3% 以上時，按上漲程度調整之。調整金額以千元為單位，未達千元者按百元數四捨五入。所稱消費者物價指數，指行政院主計處公布至上年度十月底為止十二個月平均消費者物價指數。
《土地稅法》 第 32 條	第 31 條之原規定地價即前次移轉核計土地增值稅之現值，遇一般物價有變動時，應按政府發布之物價指數調整後，再計算其土地漲價總數額。
《遺產及贈與稅法》 第 12 條之 1	本法規定之下列各項金額，每遇消費者物價指數較上次調整之指數累計上漲達 10% 以上時，自次年起按上漲程度調整之。調整金額以萬元為單位，未達萬元者按千元數四捨五入： 一、免稅額。 二、課稅級距金額。 三、被繼承人日常生活必需之器具及用具、職業上之工具，不計入遺產總額之金額。 四、被繼承人之配偶、直系血親卑親屬、父母、兄弟姊妹、祖父母扣除額、喪葬費扣除額及身心障礙特別扣除額。 財政部於每年十二月底前，應依據前項規定，計算次年發生之繼承或贈與案件所應適用之各項金額後公告之。所稱消費者物價指數，指行政院主計總處公布，自前一年十一月起至該年十月底為止十二個月平均消費者物價指數。

《所得基本稅額條例》 第 3 條第 9、10 款	營利事業或個人除符合下列各款規定之一者外，應依本條例規定繳納所得稅：其中第 3 條第 9、10 款如下： 九、依第 7 條第 1 項規定計算之基本所得額在新台幣五十萬元以下之營利事業。 十、依第 12 條第 1 項及第 12 條之 1 第 1 項規定計算之基本所得額合計在新台幣六百萬元以下之個人。 前項第 9 款及第 10 款規定之金額，每遇消費者物價指數較上次調整年度之指數上漲累計達 10% 以上時，按上漲程度調整之。調整金額以新台幣十萬元為單位，未達新台幣十萬元者，按萬元數四捨五入；其調整之公告方式及所稱消費者物價指數，準用所得稅法第 5 條第 4 項規定。

不過稅基如果按照稅收指數化（tax indexing）採取物價連動性調整，會減弱政府的所得稅稅收原本具有的自動調節機能，當政府支出也隨指數化增加的同時，將造成財政赤字更加惡化。

美國也考慮物價指數上漲的稅收指數化效應而針對扣除額採取了調整，2019年單身人士標準扣除額由 6,350 美元調高為 12,200 美元，已婚夫婦合報的標準扣除額則是由 12,700 美元調高到 24,400 美元。

13-2 平頭稅公平嗎？

經濟學家弗利德曼認為稅制應該要公平、簡單，他支持的是平頭稅（flat tax）而非累進稅率，您知道他的理由嗎？您同意他所主張的「公平觀點」嗎？

1. 弗利德曼認為從現實經驗來看，累進稅制會讓富人階級想透過法律漏洞，逃避較高的稅率。結果反而造成許多國家雖然實施所得累進稅制，但是很多有錢人，卻只繳很少的稅，累進稅名存實亡。他認為稅制不要搞得太複雜，支持課徵簡單的統一稅率，也就是平頭稅，所謂平頭稅，又稱單一稅率制，或均一稅率制。簡單地說，就是對每個人及課稅所得中每個項目，均適用同一稅率；亦即無論貧富，只要有所得，在一定免稅額以上，均課以一定比率的稅。除了免稅額外，不再有任何扣除及減免項目。

2. 弗利德曼認為若能以統一稅率、取消各類不必要的扣抵、免稅額，將能夠達到更有效簡便公平的稅政效果。事實上，拉弗曲線已經證實當稅率高過多數納稅人心目中設定的「反曲點」（turning point）之後，稅率的提高只會造成整體稅收不增反減，由於愈高所得者適用的邊際稅率愈高，因此拉弗曲線反曲點右邊的稅基侵蝕，主要是富人因為稅率過高，造成逃漏稅所致。如下圖當稅率為0%到69%，稅率提高，稅收增加。當稅率超過70%，富人逃漏稅，造成稅收不增反減。

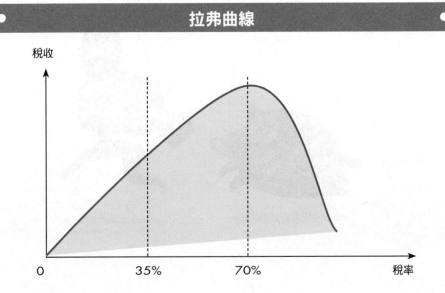

可以考慮將逃稅者的核課期間改成永久，降低逃稅人逃稅的道德冒險！

Robert Neuwirth 在 *Stealth of Nations* 書中表示，地下經濟與地上經濟並非對立的，政府應由人民的「生計、生活、心態」等立場去思考政策。一旦某些地下經濟活動成為人民生活的部分行為模式時，除了加強追稅或是提高逃漏稅的處罰率，政府可能更需要從人民的生計、生活、心態去思考社會資源配置與租稅公平等環節，是否產生了問題，進而促使一些逃稅人自願自發從地下經濟活動轉為地上經濟活動，並合法繳稅。

觀察中國大陸，稅務機關在稅務稽查中，如果發現納稅人採取收入不開票不申報納稅、購買假發票多列支成本和費用、少繳流轉稅和所得稅、改變交易實質內容、把高稅率的交易行為轉變成低稅率的交易等逃漏稅等行為，稅務機關可以對逃稅人永久追徵。因此建議將我國現行《稅捐稽徵法》核課期間修改為永久有效，如此一來，或能有效嚇阻逃稅人匿報所得的道德冒險。

　　以 J. M. Buchanan 的擁擠俱樂部理論，分析假期的台北市立動物園貓熊館入園參觀最適人次：

　　J. M. Buchanan 認為，例如：觀光名勝景點，每到假日都會因為車流量過大，人山人海，造成交通癱瘓，因此要解決俱樂部財的擁擠問題，必須排除免費享用者（free rider），俱樂部財的均衡條件應採取最適的會員人數或類似假期的台北市立動物園貓熊館入園參觀人次限制的模式，當同一時段入館人數達到最適時，站在資源配置的角度，應該要禁止其他人再使用該俱樂部財。

　　下圖可知當 TB 與 TC 的垂直距離達到最大時所對應的 N^*，就是俱樂部財的最適入館人數，此時的邊際收益等於邊際成本，$MB = MC$，

　　亦即 $MAX : TB - TC$

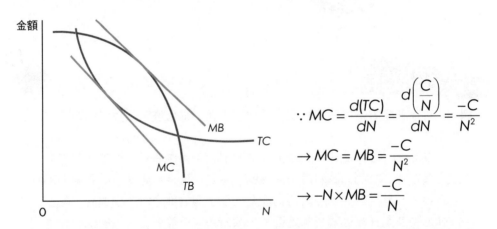

$$\because MC = \frac{d(TC)}{dN} = \frac{d\left(\dfrac{C}{N}\right)}{dN} = \frac{-C}{N^2}$$

$$\rightarrow MC = MB = \frac{-C}{N^2}$$

$$\rightarrow -N \times MB = \frac{-C}{N}$$

　　表示每增加一個人入館參觀貓熊的收費 $\left(\dfrac{-C}{N}\right)$ 等於邊際擁擠成本 $(-N \times MB)$ 時的人數，是當天同一場次最適的人數規模，這個人數規模不致於造成過度擁擠。

13-4　為何線性所得稅事實上是累進的，有矛盾嗎？

Stern N. H.（1976）的最優個人所得稅理論，體現了較高收入者應繳納較高租稅的垂直公平原則。

Stern 的最優個人所得稅模型，如下圖

$$T = -a + t \times Y \tag{1}$$

$$\frac{T}{Y} = -\frac{a}{Y} + t \tag{2}$$

其中 T 為稅收；a 為政府補助款；t 為線性邊際稅率；Y 為所得，假設邊際稅率 t 短期內不變，Y 愈高 → $-\frac{a}{Y}$ 愈小，導致 $\frac{T}{Y}$ 愈高。

結論：表示所得愈高者，租稅負擔率 $\left(\dfrac{T}{Y}\right)$ 愈高，因此可知線性所得稅，事實上是累進的，並沒有矛盾，符合租稅垂直公平原則。

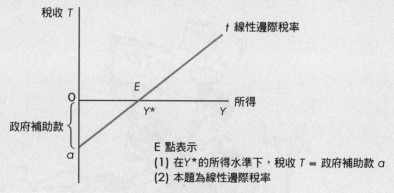

E 點表示
(1) 在 Y^* 的所得水準下，稅收 T = 政府補助款 a
(2) 本題為線性邊際稅率

小時事大知識

美國總統川普 2019 年 6 月在白宮將總統自由勳章頒授給經濟學家 Arthur Laffer，表彰他的拉弗曲線與減稅政策，為美國 40 年的稅基擴大與經濟奠定強大基礎，值得重視的是，台灣也在 2018 年首度出現負的所得稅收彈性（稅基侵蝕可能會惡化）。

Chapter **13** 財政專題分析

13-5 我國 2018 年 GDP 增加，總稅收卻不增反減，您注意到了嗎？

1. 台灣境內個人或企業低報或匿報所得情形嚴重

　　地下經濟，是指故意或不受政府監管，未向政府申報繳稅，其值和收入均未計入政府統計的國民生產總值經濟活動。行政院主計總處將地下經濟定義為：「非法經濟」與「隱藏經濟」兩者加總。地下經濟普遍存在於當今世界各國社會。台灣長期以來一直使用現金交易及信用卡為主，不像中國大陸普遍使用無現金的電子支付交易，因此台灣容易造成地下經濟與逃漏稅，不但造成稅收損失，也形成租稅水平不公平與垂直不公平。這些被歸為地下經濟的項目，並非完全「不法」，只是數量大、規模小、政府不容易掌握，例如：小吃店、夜市、房東、黑牌車、日領現金的臨時工、未立案的個人工作室等，除了課不到稅，相關從業人員也無法獲得應有的保障。

地下經濟猶如在土裡竄動的螞蟻

從財政學角度觀察，當地下經濟規模過大，將導致一些極其重要的變數像是GDP，無法真實反映經濟狀況，以致政府在制定政策時，容易造成預估值與實際結果的偏誤擴大。首先由下表觀察台灣 2018 年的稅收查定開徵數與稅收實際徵收數，2018 年稅收查定開徵數為 6,610 億元，稅收實徵數為 4,307 億元，由於稅收查定開徵數是財政部在前一年，根據以往歷年與各項總體經濟指標以模型精確預測推估當年度總體稅收應徵數額是多少，除非出現不可控制重大事件，導致經濟大蕭條，按理，當年稅收實際徵收數與前一年的稅收查定開徵數不應該有過大的差距。下表數據顯示「稅收實徵數」低於「稅收查定開徵數」，短徵率高達34.8%，這當中不排除是地下經濟活動與現金交易造成的稅收短徵。而其中又以與景氣密切相關的綜合所得稅短徵率 37.7% 最高，營所稅的短徵率 36.1% 居次，相當於 100 元的稅，實際上只收到 63 元，顯示國內個人或企業低報或匿報所得情形十分嚴重。

台灣 2018 年稅收實徵數與主要稅收短徵情形

單位：億元

年度	總稅收	營所稅	綜所稅	遺產贈與稅
2018 年稅收查定開徵數	6,610	268.9	1,385	371.3
2018 年稅收實際徵收數	4,307	171.6	86.20	284.4
查定稅收短徵率	34.8%	36.1%	37.7%	23.4%

資料來源：財政部統計年報與本文作者自行整理

2. 台灣近年來超過核課期間造成的累計欠稅數增加

按照目前《稅捐稽徵法》第 21 條的規定，稅捐之核課期間，依法應由納稅義務人申報繳納之稅捐，已在規定期間內申報，且無故意以詐欺或其他不正當方法逃漏稅捐者，其核課期間為 5 年。未於規定期間內申報，或故意以詐欺或其他不正當方法逃漏稅捐者，其核課期間為 7 年。在前項核課期間內，經另發現應徵之稅捐者，仍應依法補徵或並予處罰；但是「在核課期間內未經發現者，以後不得再補稅處罰」。可見台灣對於逃漏的追稅期有終止日，反觀中國大陸《徵管法》對於偷稅、抗稅、騙稅的情形，稅務機關追徵其未繳或者少繳的稅款或所騙取的稅款，是「沒有限期的」。理解上，逃漏稅的核課期間應永久有效，比較符合租稅公平正義精神。

進一步由下表觀察，可知我國近 5 年來累計欠稅數，2014 年當年度逾核課

期間金額為 1.45 億元，但是累計欠稅數為 1,473 億元，較上一年度增加了 41 億元；到了 2015 年當年度逾核課期間金額為 1.28 億元，累計欠稅數降為 1,393 億元，顯示 2015 年欠稅數比 2014 年減少 80 億元，稅基侵蝕情況略有改善；不過到了 2016 年，當年度逾核課期間金額為 1.03 億元，累計欠稅數卻較上一年度增加了 64 億元；2017 年當年度逾核課期間金額為 0.93 億元，累計欠稅數又較上一年度增加 63 億元；2018 年當年度逾核課期間金額為 1.21 億元，累計欠稅數又較上一年度增加 71 億元，累計這三年欠稅數共計 198 億元。根據下方表格的財政部統計資料顯示，2016 年以後的累計欠稅數有增無減，對稅務稽徵能力來說，並不是好現象。

台灣近 5 年逾核課期間稅收損失情形

單位：億元

年度	2014	2015	2016	2017	2018
當年度逾核課期間金額	1.45	1.28	1.03	0.93	1.21
累計欠稅數	1,473	1,393	1,459	1,522	1,593
較上一年度增減數	41	-80	64	63	71

資料來源：財政部統計年報與本文作者自行整理

　　根據下表的財政部與主計總處資料分析進一步發現，台灣在稅收所得彈性，2018 年首度出現稅收所得彈性為負的情形，這表示隨著 GDP 的增加，稅收不但沒有增加，反而減少，近一步證實台灣 2018 年的稅基侵蝕明顯惡化，值得蔡政府重視與提出解決之道。

台灣近 5 年的稅收所得彈性情形

單位：新台幣；%

年度	2014	2015	2016	2017	2018
當年度稅課收入 (T)	4,013 億	4,264 億	4,370 億	4,513 億	4,307 億
當年度 GDP	162,580 億	170,550 億	175,552 億	179,833 億	183,428 億
稅收所得彈性 $e = \dfrac{\Delta T/T}{\Delta GDP/GDP}$	0.53125	1.27551	0.84641	1.34567	− 2.29145

資料來源：財政部統計年報、主計總處數據資料與本文作者自行計算

大神突破盲點

提高電子支付模式比率，可降低稅基侵蝕

正如 2019 年獲得美國自由勳章的經濟學家 Arthur Laffer 提出的拉弗曲線（Laffer curve），稅率與稅收之間存在一種非線性關係，採用高稅率，不一定會取得高稅收。當稅率上升到反曲點時，稅收收入達到最大，稅率一旦過了這個使稅收達到最大的「最佳稅率點」之後，隨著稅率的提高，稅收收入不但不增加，反而減少，這時候，減稅反而可擴大稅基，刺激消費，帶動經濟成長。建議蔡政府提升全國電子支付交易模式的比重，以使地下經濟逃稅能大幅下降。

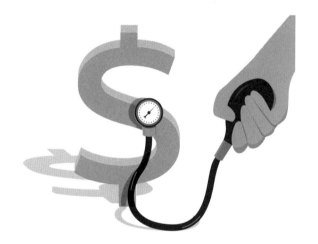

13-6 調整免稅額可以把原來的比例稅率變成具累進效果嗎？

1. 假設所得為 Y，扁平稅率為 t

   稅收 $T = m \times Y$ ； $AT = \dfrac{T}{Y}$

   所以 $AT = \dfrac{m \times Y}{Y} = m$

   平均稅負為 m

2. 免稅額問題

免稅額（A）	平均稅負（AT）	邊際稅負（MT）
免稅額 A＝0	公式：$AT = \dfrac{m \times Y}{Y} = m$ 結果：平均稅負 (AT) 等於稅率 (m)	公式：$MT = \dfrac{\Delta(m \times Y)}{\Delta Y} = m$ 結果：邊際稅負 (MT) 等於稅率 (m)
免稅額 A＞0	公式：$AT = \dfrac{m \times (Y - A)}{Y}$ 　　　$= m - \dfrac{(m \times A)}{Y}$ 結果：平均稅負小於邊際稅率 $AT = m - \dfrac{(m \times A)}{Y} < m$	公式：$MT = \dfrac{\Delta(m \times (Y - A))}{\Delta Y} = m$ 結果：邊際稅負 (MT) 等於稅率 (m)

3. 結論

   免稅額大於零，邊際稅率大於平均稅率，原來的扁平稅成了累進稅性質。

13-7　稅率的提高將導致稅收不增反減嗎？

　　拉弗曲線（Laffer curve）稅率稅收模型顯示若所得稅率彈性大於 1，則 A 政府稅率的提高將導致稅收不增反減，如何用數學來證明為真？

　　回顧傳統靜態拉弗曲線（Laffer curve）稅率與稅收模型，首先假設拉弗曲線為單一參數租稅模型如下，本文此一設定尚不違反其稅率與稅收彈性基本假設條件：

$$T = m \times Y(m) \tag{1}$$

(1) 式之 Y 為所得，m 為稅率，T 為稅收，其中稅收是政府不能完全控制的期望值，屬內生變數（endogenous variable），但是政府可透過可控制外生變數（exogenous variable），例如：稅率，來影響目標函數稅收的期望水準，由此可獲得稅率變動對於稅收的影響為：

$$\frac{dT}{dm} = Y \times (1 - E_{mY}) \tag{2}$$

(2) 式之 $E_{mY} = -\frac{dY}{dm} \times \frac{m}{Y}$，$E_{mY}$ 為所得稅率彈性，由此可知：

　　若 $E_{mY} > 1$，則 $\frac{dT}{dm} < 0$；若 $E_{mY} < 1$，則 $\frac{dT}{dm} > 0$

　　由以上拉弗曲線（Laffer curve）稅率稅收模型顯示，若所得稅率彈性大於一，則稅率的提高將導致稅收不增反減，亦即只有在所得稅率彈性小於零的情況下，稅率的提高才會導致稅收增加。

13-8　為什麼逃稅人經常是輸家？

　　逃稅人在考慮逃漏稅前，應謹慎評估自己是否真要逃稅，因為以「賭徒輸光問題」來看，在與政府的逃稅博弈賽局中，逃稅人變成輸家的機率非常大。真的是這樣嗎？

1. 假設納稅人應納稅額為 T_d，其中 T_a 為逃稅人逃漏的稅額，T_b 為逃稅人實際繳納的稅額，設在每一次逃稅賽局中，納稅人逃稅成功的機率均為 $p=1-q$，逃稅失敗的機率為 q，則該納稅人的逃稅賽局類似數學「賭徒輸光問題」，倘將此一問題抽象化，可表示如下圖，假設在 X 軸上有一個質點，受到外力的隨機牽引，以機率 $1-q$ 向左或是以機率 q 向右移動，設吸收壁在 $X=0$ 和 $X=T_d(T_d=T_a+T_b)$，當 $t=0$ 時，質點位於 T_b，可求取質點在 $X=0$ 處（或是 $X=T_d$）被吸收的機率。

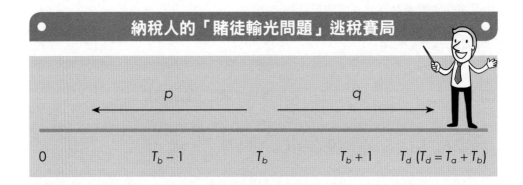

納稅人的「賭徒輸光問題」逃稅賽局

p　　　　　　q

0　　　　　　T_b-1　　　T_b　　　T_b+1　　$T_d(T_d=T_a+T_b)$

　　進一步假設納稅人逃漏稅額全部被稅捐機關查緝到，亦即 $T_a=0$ 的機率為 μ_a，分別探討當逃稅人與政府查核機關雙方單回合的勝率相等或不相等之情境。

　　當逃稅人與政府查核機關雙方單回合的勝率相等，亦即逃稅被查到的機率與未被查到的機率 $p=q$，則納稅人逃漏稅額全部被稅捐機關查緝到的機率，亦即 $T_a=0$ 的機率為：

$$\mu_a=1-\frac{T_a}{T_a+T_b}=\frac{T_b}{T_a+T_b} \tag{1}$$

(1) 式表示在 $p = q$ 的情況下，納稅人逃漏稅額全部被稅捐機關查緝到的機率，與逃稅人實際繳納的稅額 T_b 呈正比，由於 $p = q$，可知政府實際收到的稅收 $T_b = 0$ 的機率為：

$$\mu_b = \frac{T_a}{T_a + T_b} \tag{2}$$

當逃稅人與政府查核機關雙方單回合的勝率不相等，亦即 $p \neq q$，已知：

$$T_d = T_a + T_b \leq \infty$$

設 $z = \dfrac{q}{p}$，則納稅人逃漏稅額全部被稅捐機關查緝到的機率：

$$\mu_a = \frac{\left(\dfrac{q}{p}\right)^{T_a} - \left(\dfrac{q}{p}\right)^{T_d}}{1 - \left(\dfrac{q}{p}\right)^{T_d}} = \frac{z^{T_a} - z^{T_d}}{1 - z^{T_d}} \tag{3}$$

(3) 式表示，當 $T_b = 0$，即逃稅人實際繳納的稅收為零，此時 $\mu_a = 0$，表示納稅人逃漏稅額全部被稅捐機關查緝到的機率為零。當 $T_a = 0$，則 $T_d = T_b$，$\mu_a = 1$，表示納稅人逃漏稅額全部被稅捐機關查緝到的機率為 1。其中 $\mu_a + \mu_b = 1$，由對稱性定理可得知，政府查核到的稅收為零的機率與前述類似，亦即在上述兩種情況中，均有 $\mu_a + \mu_b = 1$，表示在極端情況下，都總會有一方全輸。由 (1) 式可知，在 $p = q = \dfrac{1}{2}$ 的情況下，雙方（逃稅人與政府稅捐機關）其中一方輸光的機率（可能是政府查核稅收為零或者是納稅人逃漏稅額全部被稅捐機關查緝到），僅取決於其賭本（逃稅人逃漏的稅額 T_a）的多寡，表示 T_a 愈高，政府實際收到的稅收 $T_b = 0$ 的機率 μ_a 也愈高。由前頁圖可知，在 $p = q = \dfrac{1}{2}$ 的情況下，X 軸上某一個質點 T_b（為逃稅人實際繳納的稅額）到達某一個吸收壁的機率大小，僅與其初始位置有關，站在納稅人的立場，為使納稅人逃漏稅額全部被稅捐機關查緝到的機率 μ_a 極小化，弔詭的是，由 (1) 式可知逃稅人只有盡量增加 T_a，亦即只有增加逃漏的稅額，別無其他優化決策。

2. 逃稅人可增加逃漏稅額 T_a，降低自己輸光（逃漏稅額全部被稅捐機關查到）的機率。在真實的經濟社會中，逃稅人與政府查核機關雙方單回合的勝率不相等情況較為普遍，亦即 $p \neq q$。假設逃稅人對於自己逃稅沒有被政府機關查到的機率感到悲觀，亦即設在每一次逃稅賽局中，納稅人逃稅成功的機率 p 小於逃稅失敗的機率為 q，即 $p < q$，則因 μ_a 不但與雙方（逃稅人與政府查核機關）單回合勝率有關，同時亦受逃稅人逃漏的稅額 T_a 與逃稅人實際繳納的稅額 T_b 的影響，亦即當 $p \neq q$ 時，由 (3) 式可知逃稅人可以採取增加 T_a 的方式，使得 μ_a（納稅人逃漏稅額全部被稅捐機關查緝到的機率）下降，以彌補單回合勝率上的劣勢（亦即 $p < q$）。易言之，在此一基礎上，逃稅人繼續增加 T_a 將使得逃稅人逃漏稅額全部被稅捐機關查緝到的機率 μ_a 小於政府實際收到的稅收（亦即納稅人實際繳納的稅收）$T_b = 0$ 的機率，如此，納稅人便可於逃漏租稅與政府查核課稅的租稅賽局中，獲得相對優勢地位。

對 (3) 式進一步化簡可得：

$$\mu_a = \frac{z^{T_a} - z^{T_d}}{1 - z^{T_d}} = 1 - \frac{1 - z^{T_a}}{1 - z^{T_d}} \tag{4}$$

假設 $\mu_a = \mu_b = \dfrac{1}{2}$，亦即納稅人逃漏稅額全部被稅捐機關查緝到的機率等於政府實際收到的稅收 $T_b = 0$ 的機率，則由 (4) 式可得：

$$\frac{1}{2} = 1 - \frac{1 - z^{T_a}}{1 - z^{T_a + T_b}}，進一步整理可得：$$

$$1 - 2 \times z^{T_a} = -z^{T_a + T_b} \tag{5}$$

(5) 式是關於 T_a 的隱函數，逃稅人與政府雙方在勝率比：$z = \dfrac{q}{p}$、逃稅人實際繳納的稅額 T_b 已知情況下，可以求解逃稅人最適逃漏稅額 T_a 需為多少，才能使雙方在租稅博弈賽局（納稅人漏報所得與政府查核逃漏稅）中的地位平等。

3. 逃稅人持續增加逃漏稅額 T_a，對於降低自己輸光（逃漏稅額全部被稅捐機關查緝到）機率失去意義之情境分析：

由 (3) 式可知，逃漏稅額 T_a 的增加將導致逃漏稅額 T_a 全部被稅捐機關查到的機率下降，惟逃稅人若繼續增加逃漏稅額，當逃漏稅額到達一定金額程度之後，逃稅人逃漏稅額 T_a 全部被稅捐機關查到的機率將不再進一步下降，本

文模型推導符合一般理性社會的經濟直覺。

　　為獲得此一結果，進一步分析 (4) 式，同樣考慮在每一次逃稅賽局中，納稅人逃稅成功的機率 p 小於逃稅失敗的機率為 q，即 $p < q$，使用極限觀念（concept of limit）逃稅人與政府雙方的勝率比 $z = \dfrac{q}{p} > 1$，則可得 (6) 式如下：

$$\lim_{T_a \to +\infty} \mu_a = \lim_{T_a \to +\infty} \left(1 - \frac{1 - z^{T_a}}{1 - z^{T_a + T_b}} \right) = 1 - \frac{1}{z^{T_b}} \tag{6}$$

　　(6) 式說明了 μ_a 的極限是一個以 $z = \dfrac{q}{p}$、T_b 為自變量的函數，與 T_a 無關；由此亦可證明在逃稅人逃漏稅額 T_a 增加到一定金額之後，逃稅人原本所逃稅額全部被政府稅捐機關查到的機率 μ_a 將穩定在某一確定值（即 μ_a 的極限），且該值僅與 z 以及 T_b 有關。結合 (3) 式，可知：

$$1 - \frac{1}{z^{T_b}} = \frac{z^{T_a} - z^{T_a + T_b}}{1 - z^{T_a + T_b}} \tag{7}$$

　　在上述相關條件與參數已知的情況下，(7) 式可認為是 T_a 的隱函數，對其求解，可以求出逃稅人逃漏的最高稅額 T_a^*，$T_a^* \neq 0$，此一經濟意涵為：當 $T_a = T_a^*$ 時，表示在 z 以及 T_b 已知的條件下，逃稅人已將原本所逃稅額全部被查到的機率降至最小風險程度，理論上，此時逃稅人繼續增加逃漏稅額已無實質意義。

4. 結論

　　納稅人在逃稅與政府查核逃漏稅的租稅賽局中，可能是輸家。

　　由 (6) 式亦可驗證，在大多數情況下，逃稅人無論如何增加自己逃漏稅額，永遠都不太可能使自己在逃稅與政府稅捐機關的租稅博奕賽局中，處於完全平等的地位。亦即 μ_a 大於 1/2 的機率非常大。由此有關逃稅人逃漏稅與政府查核逃漏稅的對弈賽局中，可以獲得一重要經濟意涵：

　　亦即逃稅人於考慮逃漏稅前，應重新衡量自己是否要逃稅，因為以「賭徒輸光問題」來看，在與政府的逃稅博奕賽局中，逃稅人變成輸家的機率非常大。

13-9 新型冠狀病毒疫情的租稅問題

2020 年全球發生嚴重疫情，部分實體店鋪餐飲業、旅遊業，在這段期間因為消費人數下降造成的營業虧損，扣抵該廠商未來年度獲利應繳納的營所稅，合理嗎？

1. 受疫情影響，商家優先延期繳納營業稅

　　新冠肺炎疫情影響全球經濟，工商團體提出減稅建議。財政部同意受疫情影響者可延期一年繳稅，或分三年三十六期繳納。另也將從寬認定受影響標準，例如：業者營收受影響一定程度以上就得緩繳。這主要是根據我國《稅捐稽徵法》第 10 條，因天災、事變而遲誤依法所定繳納稅捐期間者，該管稅捐稽徵機關，得視實際情形，延長其繳納期間，並公告之的規定辦理。主動緩徵每二個月繳納一次的營業稅，讓企業在情況穩定之後分期還稅，以及讓所得在一定標準以下的自僱者緩徵所得稅或免稅。事實上，中國大陸也有針對類似情況對納稅人採取補救措施，例如：《稅收徵收管理法》第 31 條 2 款規定：納稅義務人因有特殊困難，不能按期繳納稅款的，經省、自治區、直轄市國家稅務局、地方稅務局批准，可以延期繳納稅款，但最長不得超過三個月，特殊情況的內容包括：因為不可抗力，導致納稅人發生較大損失，正常經營生產受到較大影響者。只是稅務機關要在收到申請人申請延期繳納稅款申報書之日起 20 日內，作出批准或是不批准的決定，獲得稅務機關批准延期繳稅的企業，在延長期間內免予加收滯納金，不予批准的企業商家，從繳納稅款期限屆滿次日起加徵滯納金。所以並不是所有店家都一定符合延期繳納稅款標準，例如：網路店家的生意可能影響較小，希望財政部將來能盡快訂出標準。

2. 疫情期間營業虧損，應准予扣抵未來年度獲利應繳營所稅

　　針對 2020 年此次疫情的國內受影響商家給予租稅緩繳是合理且於法有據的，但是根據《加值型及非加值型營業稅法》第 35 條規定，營業稅營業人除本法另有規定外，不論有無銷售額，應以每二月為一期，於次期開始十五日內，填具規定格式之申報書，向稽徵機關申報銷售額、應納營業稅額。可知營業稅是每二個月由企業主動申報繳納一次，依我國《加值型及非加值型營業稅法》規定，

在我國境內銷售貨物或勞務及進口貨物，均應依本法規定，課徵加值型或非加值型之營業稅。又依該法第 10 條規定，營業稅稅率，最低為 5%，最高不超過 10%。而營利事業所得稅是企業按其當年度（會計年度為每年 1 月 1 日起至 12 月 31 日止），以其收入總額減除各項成本費用、損失後之純益額為所得額，依《所得稅法》第 67 條規定，營利事業應於每年 9 月 1 日起至 9 月 30 日止，按其上年度結算申報營利事業所得稅應納稅額之二分之一為暫繳稅額，自行向為捐機關申報。此外，營利事業納稅義務人應於每年 5 月 1 日起至 5 月 31 日止，填具結算申報書，向該管稽徵機關，申報其上一年度內構成綜合所得總額或營利事業收入總額之項目及數額。由於營業稅與營所稅兩者屬性與申報繳納期間完全不同，不應一概而論。

由於營業稅是每二個月申報繳納一次，商家從 2020 年 1 月中旬開始到 2020 年中這段期間，如果營收減少又面臨必須立刻繳納營業稅，這時候延緩業者繳納期限是合理的。不過由於營所稅不是每二個月申報繳納一次，延緩業者繳納期限比較沒有急迫性，疫情如果 4 月底結束，對餐飲百貨商圈夜市等實體店面業主來說，衝擊會減少，雖然營利事業所得稅的自動調節機制可以讓因為此次疫情而導致營業收入大幅下降的商家在第二年的 5 月少繳營所稅，但是這次疫情有些商家不但沒有賺錢，扣除成本後甚至是虧損的，針對這一部分，因為疫情消費人數減少而虧損的商家，蔡政府應該考慮給予其在往後幾年內，從每年營收扣抵這段期間的虧損；換句話說，緩繳營業稅與當年度營業虧損准予扣抵未來年度應繳營所稅的分離原則，這樣比較符合租稅屬性與公平正義及稽徵效率原則。

3. 新冠疫情可能改變人們消費飲食模式

事實上受到這次新冠疫情影響，為了避免接觸人群而透過空氣傳播病毒，國內外很多民眾都減少外出消費，改為外賣方式點餐或自行在家備餐，這次受到衝擊的範圍包括一般餐飲業、百貨公司、賣場、各商圈、夜市等零售業者，跟過去不一樣的是，這次疫情再度喚醒國內傳統實體店面，包括飯店餐廳業者的經營模式，必須有所改變，也許危機便是轉機，估計不久將來，國內許多餐飲業者會自覺地增加網路線上平台提供外賣服務的比重。雖然目前國內已有超過 2.5 萬家餐廳與外送業者合作，零售業者許多也已經採用電子商務方式銷售，但是此次疫情對大家消費習慣造成的改變，會使得國內夜市與店家調整經營模式，畢竟外送平台服務會更符合消費者安全需求。更重要的是 2004 年才發生 SARS 病毒，事隔十多年又再度發生傳播頻率愈來愈高的新冠病毒，未來會不會再發生類似的事件，沒人能說準。政府是為人民服務，蔡政府應該要盡速研訂國內完善的公共場所（例如：醫院、學校機關等）衛生安全與飲食相關防疫準則，讓人民出入公共場合被傳染的機率降至最低。

項目	營業稅	營所稅
暫繳稅額制度	無。	營利事業應於每年 9 月 1 日起至 9 月 30 日止,按其上年度結算申報營利事業所得稅應納稅額之二分之一為暫繳稅額。
繳納期間	營業稅營業人除本法另有規定外,不論有無銷售額,應以每二月為一期,於次期開始十五日內,填具規定格式之申報書,向稽徵機關申報銷售額、應納營業稅額。	營利事業納稅義務人應於每年 5 月 1 日起至 5 月 31 日止,填具結算申報書,向該管稽徵機關,申報其上一年度內構成綜合所得總額或營利事業收入總額之項目及數額。
稅率	營業稅稅率,最低為 5%,最高不超過 10%。	自 2018 年度起,營所稅稅率由 17% 調高為 20%。
建議	營業稅延期繳稅。	疫情期間的當年度營業虧損准予扣抵未來年度應繳營所稅。

資料來源:由作者自行整理。

Chapter 14

有趣的租稅模型

　　以下的內容屬於高級篇，這些案例模型可能需要讀者具備一定經濟學理與微積分基礎，內容可能會比較艱澀，不過對於數學推導與財政理論有興趣的讀者或學術同儕，大家可以閱讀交流一下！

經濟學家 Browning（1989）曾經對稅率、彈性與稅收三者間的關係作了嚴謹分析，他設定一國政府稅收可以表示如下：

$$R = m \times (w \times L - p \times J - A)$$
$$L = f(w_m)$$
$$w_m = (1-m) \times w$$
$$J = g\ (p_m)$$
$$p_m = (1-m) \times p$$
$$\alpha = \frac{A}{w \times L} \tag{1}$$

（1）式中，R 為政府稅收，m 為邊際稅率，w 為工資，L 為勞動供給，A 為綜合所得稅免稅額，J 為包含課稅所得與非課稅所得之「複合財貨」（composite commodity），財貨價格 p 為固定，w_m 與 p_m 分別為稅後之 w 與 p，α 為綜合所得稅免稅額占勞動所得的比重。根據上式關係，可求取邊際稅率 m 對於稅收 R 的一階條件影響：

$$\frac{\partial R}{\partial m} = w \times L \times \left[1 - \left(\frac{m}{1-m}\right) \times \eta_s - \alpha\right] - p \times J \left[1 - \left(\frac{m}{1-m}\right) \times \varepsilon\right] \tag{2}$$

（2）式之 ε 表示 J 財貨的稅後價格需求彈性，即 $\varepsilon = \dfrac{\frac{\partial J}{J}}{\frac{\partial P_m}{P_m}}$，$\eta_s$ 為勞動供給彈性，

即 $\eta_s = \dfrac{\frac{\partial L}{L}}{\frac{\partial W_m}{W_m}}$，$\alpha$ 為免稅額占勞動所得之比重，β 為複合財貨占勞動所得之比重；

$\beta = \dfrac{p \times J}{w \times L}$。根據上式可推導出稅率的租稅收入彈性 η_R 如下：

$$\eta_R = \frac{1-\alpha-\beta-\left(\dfrac{m}{1-m}\right)\times(\eta_s-\beta\times\varepsilon)}{1-\alpha-\beta} \tag{3}$$

同理，由 (2) 式可知最適稅率為如下：

$$m^* = \frac{1-\alpha-\beta}{1-\eta_s-\alpha-\beta\times(1+\varepsilon)} \tag{4}$$

有關 (3) 公式與 (4) 公式之證明如下：

$$\eta_R = \frac{\dfrac{\partial R}{R}}{\dfrac{\partial m}{m}} = \frac{\partial R}{R}\times\frac{m}{\partial m} = \frac{m}{m\times(w\times L-p\times J-A)}\times\frac{\partial R}{\partial m}$$

$$= \frac{m}{m\times(w\times L-p\times J-A)}\times\frac{w\times L}{1}\times\left[1-\left(\frac{m}{1-m}\right)\times\eta_s-\alpha\right]-p\times J\times\left[1-\left(\frac{m}{1-m}\right)\times\varepsilon\right]$$

$$= \frac{w\times L-w\times L\times\left(\dfrac{m}{1-m}\right)\times\eta_s-w\times L\times\alpha-p\times J-p\times J\times\left(\dfrac{m}{1-m}\right)\times\varepsilon}{(w\times L-p\times J-A)}$$

$$= \frac{w\times L\left(1-\left(\dfrac{m}{1-m}\right)\right)\times\eta_s-\alpha-\dfrac{p\times J}{w\times L}-\dfrac{p\times J}{w\times L}\times\left(\dfrac{m}{1-m}\right)\times\varepsilon}{w\times L\times\left(1-\dfrac{p\times J}{w\times L}-\dfrac{A}{w\times L}\right)}$$

$$= \frac{1-\alpha-\dfrac{p\times J}{w\times L}-\left(\dfrac{m}{1-m}\right)\times(\eta_s-\beta\times\varepsilon)}{(1-\beta-\alpha)}$$

$$= \frac{1-\alpha-\beta-\left(\dfrac{m}{1-m}\right)\times(\eta_s-\beta\times\varepsilon)}{(1-\alpha-\beta)}$$

同理可證：

$$w \times L - w \times L \times \left(\frac{m}{1-m}\right) \times \eta_s - w \times L \times \alpha - p \times J + p \times J \times \left(\frac{m}{1-m}\right) \times \varepsilon = 0$$

$$\Rightarrow 1 - \left(\frac{m}{1-m}\right) \times \eta_s - \alpha - \beta + \beta \times \left(\frac{m}{1-m}\right) \times \varepsilon$$

$$\Rightarrow 1 - \alpha - \beta = \frac{m}{1-m} \times (\eta_s - \beta \times \varepsilon)$$

$$\Rightarrow (1 - \alpha - \beta) \times (1-m) = m \times (\eta_s - \beta \times \varepsilon)$$

$$\Rightarrow 1 - \alpha - \beta = m \times (\eta_s - \beta \times \varepsilon + 1 - \alpha - \beta)$$

$$\Rightarrow m^* = \frac{1 - \alpha - \beta}{1 - \alpha - \beta \times (1+\varepsilon) + \eta_s}$$

納稅人逃漏稅的機率也可以用馬可夫鏈（Markov chain）模型來預測嗎？

　　遵循傳統假設，設定納稅義務人的租稅行為有兩種反應：1. 誠實繳稅；2. 逃漏租稅；於有限狀態機率空間中；先計算馬可夫鏈移轉機率矩陣（transitional probability matrix）。

　　同前設定，假設逃稅人歷年租稅行為（誠實繳納或逃稅）之更替過程如下：{YYYYNYYYNNYYYYYYYNNN}，其中 Y：代表誠實繳稅，N：代表逃稅。據此解析如下：

(1) 以誠實繳稅 (Y) 開始，下一年度仍繼續誠實繳稅 (Y) 者，共計 12 次。
(2) 以誠實繳稅 (Y) 開始，下一年度轉變為逃稅 (N) 者，共計 3 次。
(3) 以逃稅 (N) 開始，下一年度轉變為誠實繳稅 (Y) 者，共計 2 次。
(4) 以逃稅 (N) 開始，下一年度仍繼續逃稅 (N) 者，共計 3 次。

　　將以上納稅義務人歷年租稅行為（誠實繳納或逃稅）之更替過程，以馬可夫鏈演變機率矩陣 P（transitional probability matrix）表示如下式，演變機率矩陣使用機率相加定律與相乘定律，預測納稅義務人未來期租稅行為演變。例如：假設納稅義務人「本年度」選擇誠實繳稅 (Y)，則「下一年度」選擇 1. 誠實繳稅 (Y)；或是 2. 逃稅 (N) 的機率各別為何，以上述逃稅人歷年租稅行為（誠實繳納或逃稅）之更替過程：[YYYYNYYYNNYYYYYYYNNN] 為例，經過馬可夫鏈演算可得：納稅義務人「誠實繳稅 (Y) 的機率」為 0.8；「逃稅 (N) 的機率」為 0.2。

$$亦即：Pr = \begin{bmatrix} P_{11} & P_{12} \\ P_{21} & P_{22} \end{bmatrix} = \begin{bmatrix} 0.8 & 0.2 \\ 0.4 & 0.6 \end{bmatrix}$$

　　下頁為納稅義務人歷年誠實繳納或逃稅之馬可夫鏈演變機率矩陣，進一步推導，可知 t 期的狀態機率（state probabilities）向量系統與 t + 1 期之關係如第 (1) 式所示。

$$\Pi = (t + 1) = \Pi(t) \times Pr \tag{1}$$

　　根據第 (1) 式計算可知，一國稅捐機關已知納稅義務人下一年度：1. 誠實繳稅 (Y) 的機率為 0.8、2. 逃稅 (N) 的機率為 0.2；倘若稅捐機關希望了解納稅義務

		繼續		總計
		Y	N	
開始	Y	12	3	15
	N	2	3	5
		14	6	20

		繼續		總計
		Y	N	
開始	Y	0.8	0.2	1
	N	0.4	0.6	1

（Y：為納稅義務人誠實繳稅；N：為納稅義務人逃漏稅）

人在「下下一年度」1. 誠實繳稅 (Y)；抑或 2. 逃稅 (N) 的機率是多少，由下頁的樹狀圖計算可得：

(1) 納稅義務人「下一年度」與「下下一年度」皆誠實繳稅 (Y) 的機率為 0.64。

(2) 納稅義務人「下一年度」逃稅 (N)，惟「下下一年度」誠實繳稅 (Y) 的機率為 0.08。

由以上 (1) 與 (2) 的計算結果，可進一步獲知 (3) 與 (4) 的結果如下：

(3) 納稅義務人「下下一年度」，誠實繳稅 (Y) 的機率為 0.72。

(4) 納稅義務人「下下一年度」，逃稅 (N) 的機率為 0.28。

亦即，假設某一逃稅人歷年誠實繳納或逃稅之行為更替過程如下：[YYYYNYYYNNYYYYYYYYNNN]，以演變機率矩陣自乘，可得第 (2) 式：

$$[\pi Y(2) \quad \pi N(2)] = [\pi Y(1) \quad \pi N(1)] \begin{bmatrix} P_{11} & P_{12} \\ P_{21} & P_{22} \end{bmatrix} \tag{2}$$

由此可進一步推算納稅義務人租稅行為機率分布狀態如下：

1.「本年度」誠實繳稅，「下下一年度」誠實繳稅或逃漏稅的機率分別為：

$$[0.8 \quad 0.2] \begin{bmatrix} 0.8 & 0.2 \\ 0.4 & 0.6 \end{bmatrix} = [0.72 \quad 0.28]$$

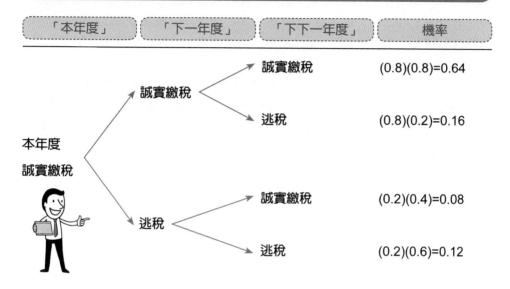

納稅義務人誠實繳稅或選擇逃稅之概率樹狀圖

「本年度」	「下一年度」	「下下一年度」	機率

本年度
誠實繳稅

誠實繳稅 → 誠實繳稅　(0.8)(0.8)=0.64

誠實繳稅 → 逃稅　(0.8)(0.2)=0.16

逃稅 → 誠實繳稅　(0.2)(0.4)=0.08

逃稅 → 逃稅　(0.2)(0.6)=0.12

2.「本年度」逃漏稅，「下下一年度」誠實繳稅或逃漏稅的機率分別為：

$$\begin{bmatrix} 0.4 & 0.6 \end{bmatrix} \begin{bmatrix} 0.8 & 0.2 \\ 0.4 & 0.6 \end{bmatrix} = \begin{bmatrix} 0.56 & 0.44 \end{bmatrix}$$

利用演變機率矩陣自乘法，可知納稅義務人「下下一年度」誠實繳稅或逃漏稅的演變機率矩陣如第 (3) 式：

$$Pr^2 = \begin{bmatrix} 0.8 & 0.2 \\ 0.4 & 0.6 \end{bmatrix} \begin{bmatrix} 0.8 & 0.2 \\ 0.4 & 0.6 \end{bmatrix} = \begin{bmatrix} 0.72 & 0.28 \\ 0.56 & 0.44 \end{bmatrix} \tag{3}$$

以上推導可知，重複自乘演變機率矩陣，機率將會逐漸收斂（趨近）於某一穩定數值，最後將不再變化，亦即，不論本年度是從「誠實繳稅」(Y) 抑或「逃漏稅」(N) 開始，隨著納稅義務人每年是否誠實繳稅或逃漏稅調查樣本數的增加，納稅義務人的租稅行為可以第 (4) 式表示如下：

$$\pi Y = 0.8\,\pi Y + 0.4\,\pi N$$
$$\pi N = 0.2\,\pi Y + 0.6\,\pi N \tag{4}$$

由第 (4) 式透過聯立方程式求解可知，納稅義務人於終生工作（有所得）期間內，「誠實繳稅」(Y) 的機率，最終將會收斂在 0.667，納稅義務人於終生工作（有所得）期間內「逃漏稅」(N) 的機率，最終將收斂在 0.333。易言之，若以納稅義務人十年所得申報資料為樣本，納稅義務人將有 6.67 年會「誠實繳稅」(Y)，有 3.33 年會「逃漏稅」(N)。此為馬可夫鏈下，假設逃稅人之轉換機率為內生給定（是指內生成長理論模型中，假設某一變數是由模型內自行產出的變數；如果不是模型能自行決定的，則為外生給定，例如：稅率對納稅人來說，就是外生給定，因為稅率是政府訂的），納稅義務人租稅行為經過十年期間演變，最終所達到的穩定分布機率狀態（steady state probabilities）。

　　接著，以馬可夫鏈分析一國稅捐機關依據「上一年度」資訊推估馬可夫鏈「最後」機率分布樣態，設定「上一年度」誠實繳稅的納稅義務人中，有 5% 的人可能會在「本年度」逃漏稅。同樣，設定「上一年度」逃漏稅人數之中，有 3% 的人可能會在「本年度」誠實繳稅。設定一國計算年度應納稅人口數為 1,000 萬人，已知稅務機關查核發現有 50% 的人為誠實繳稅者，50% 的人為逃漏租稅者，依馬可夫鏈演變機率矩陣與聯立方程式計算，一國應納稅人口中，納稅義務人選擇「誠實繳稅」與「逃稅租稅」之人數變遷機率分布態樣如下：

(1) 一國應納稅人口數中，最後「誠實繳稅」的人口數將由 500 萬人降為 375 萬人。

(2) 一國應納稅人口數中，最後「逃漏租稅」的人口數將由 500 萬人增加至 625 萬人。

　　以上馬可夫鏈租稅模型分析，有助一國了解該國誠實繳稅者與逃漏租稅者於全體納稅義務人總數間之消長變化。

14-3　黑市經濟逃稅理論模型

我們可以從黑市經濟（**Underground Economy**）逃稅理論模型找到最適稅率嗎？

　　John Robert Stinespring（2011）以美國為例指出，每年有將近 3,000 至 4,000 億美元的地下經濟稅基侵蝕，有些納稅人為了規避稅負，甚至採取以物易物（barter transaction）或僱用非法移民等方式逃稅。有關黑市經濟活動對稅基侵蝕之影響，使用 Feige and McGee（1983）之家計單位 Cobb-Douglas 型態效用函數模型，設定納稅人的效用來自消費與休閒，未來的消費與休閒為時間偏好率折現，設定產出為 Y，勞動量為 L，資本量為 G_I，政府公共投資為 G_I，生產技術進步設定為 A，其中 $L = L_0 \times e^{st}$，$K = K_0 \times e^{rt}$，$Y = f(K, L, G_I, A)$；代表性納稅人效用函數形態如下：

$$V(y_u, y_n) = \ln y_n^{1-\mu} \times y_u^{\mu}$$
$$\text{s.t } y_n + (1-m) \times y_u = E \tag{1}$$

(1) 式中，y_n 為可觀察到的納稅人地上經濟產出，y_u 為納稅人隱藏的黑市經濟產出，μ 為代表性納稅人黑市經濟所得的係數值，$1 - \mu$ 為納稅人地上經濟所得的係數值，$0 \leq \mu \leq 1$，$\sigma = 1 - \mu < 1$，表示邊際稅率隨著 y_n 增加而遞減，

　　此外，納稅人的地上經濟所得，並不保證一定不會逃漏稅，例如：納稅人會利用低報薪資所得或利息收入、利用跨年分散年度所得方式以規避稅負，E 為納稅人地上經濟與黑市經濟所得的總合預算限制式。設定地上經濟所得 y_n 的價格 $P_n = 1$，由於黑市經濟所得 y_u 全部未繳稅，故本文設定黑市經濟所得 y_u 的價格為 $P_u = (1-m)$，納入黑市經濟所得 y_u 後，可進一步計算納稅人的最適所得申報率 θ^* 如下：

　　首先求 (1) 式的一階處理條件，可得如下：

$$L = \ln y_n^{1-\mu} \times y_u^{\mu} + \lambda \times (E - y_n - (1-m) \times y_u)$$
$$\frac{\partial L}{\partial y_n} = \frac{(1-\mu)}{y_n} = \lambda$$
$$y_n = \frac{(1-\mu)}{\lambda} \tag{2}$$

$$\frac{\partial L}{\partial y_U} = \frac{\mu}{y_U} = \lambda \times (1-m)$$

$$y_U = \frac{\mu}{\lambda \times (1-m)}$$

$$\frac{\partial L}{\partial \lambda} = E = y_n + (1-m) \times y_U \tag{3}$$

(2) 式表示隨著 μ 的增加，納稅人的地上經濟所得愈少。另一方面，影子價格 λ 值愈大，表示納稅人地上經濟所得則愈低。(3) 式表示隨著地上經濟所得稅率 m 提高，納稅人黑市經濟所得有增加的趨勢，此顯示地上經濟所得稅率提高，導致原本納稅人地上經濟所得因為規避稅負，轉為黑市經濟所得的情形相對增加。由 (2) 式與 (3) 式可得知在：1. 黑市經濟所得與 2. 地上經濟所得同時存在的情況下，代表性納稅人最適地上經濟所得稅率 m^* 可表示如 (4) 式所示：

$$m^* = 1 - \frac{y_n \times \mu}{(1-\mu) \times y_U} \tag{4}$$

進一步將 (4) 式改寫為：

$$y_U = \frac{y_n \times \mu}{(1-m) \times (1-\mu)} \tag{5}$$

將地上經濟所得與黑市經濟所得加總，可得：

$$\frac{y_n}{y_n + y_U} = \frac{(1-m) \times (1-\mu)}{(1+m) \times (\mu-1)} = \theta$$

$$\frac{y_U}{y_n + y_U} = 1 - \theta$$

$$\frac{y_U}{y_n} = \frac{1-\theta}{\theta} = \nu \tag{6}$$

由 (6) 式可知，代表性納稅人地上所得占總所得的申報率 θ 值，與代表性納稅人黑市經濟所得係數值 ν 呈反比，隨著地上經濟所得稅率 m 提高，代表性納稅人地上經濟所得占總所得之申報比率 θ 呈相對下降趨勢。

另由 (6) 式亦可知 ν 愈高，代表性納稅人發生稅基侵蝕的情形愈趨嚴重。已

知 (6) 式 $\dfrac{(1-m)\times(1-\mu)}{[(1+m)\times(\mu-1)]}=\theta$，設代表性納稅人地上所得係數 $1-\mu=\beta>0$，則 (6) 式可改寫為：

$$\theta=\frac{(1-m)\times\beta}{1-\beta\times m}$$

當 $\beta\neq 1$；則　$\beta-\theta=\left(\dfrac{\beta\times m\times(1-\beta)}{(1-\beta\times m)}\right)>0$

當 $\beta=1$；則　$\beta-\theta=\left(\dfrac{\beta\times m\times(1-\beta)}{(1-\beta\times m)}\right)=0$　　　　　　　(7)

　　由於 $1\geq\beta$，由 (7) 式可知 $\beta\geq\theta$；亦即代表性納稅人地上經濟所得申報係數 $\beta\leq$ 租稅遵循率 θ，在已知 $1-\mu=\beta$ 與地上經濟所得稅率 m 情況下，可依 (7) 式計算租稅遵從率 θ 之值。例析：

　　設 $\beta=0.8$，$m=0.8$ 情況下，可得租稅遵從率 θ 為：　$\theta=\dfrac{(1-m)\times\beta}{1-\beta\times m}=0.44$

　　$\beta=0.8$，$m=0.3$ 情況下，租稅遵從率 θ 為：　$\theta=\dfrac{(1-m)\times\beta}{1-\beta\times m}=0.73$

上述可知，在 β 相同情況下，m 愈高，θ 愈低。

　　對 (7) 式作進一步推導，可得：

$$\frac{\partial\theta}{\partial\beta}=\frac{(1-m)}{(1-\beta\times m)}+\frac{(1-m)\times m\times\beta}{(1-\beta\times m)^2}>0\tag{8}$$

有關 (8) 式參數變動對納稅人地上所得占總所得申報率 θ 值的關係分析如下：

1. 當 $\beta=1$ 時，$\theta=1$，$\mu=0$，$\upsilon=\dfrac{1-\theta}{\theta}=\dfrac{0}{1}$

　表示 $V(y_u,y_n)=\ln y_n$，黑市經濟所得為 0，納稅人全數為地上經濟所得。

2. 當 $\beta=0$ 時，$\theta=0$，$\mu=1$，$\upsilon=\dfrac{1-\theta}{\theta}=\dfrac{1}{0}$

　表示 $V(y_u,y_n)=\ln y_u$，地上經濟所得為 0，代表性的所得全數轉入黑市經濟所得，稅基侵蝕情形最為嚴重。

3. 當 $1 > \beta > 0$ 時，$0 < \theta < 1$，$0 < \mu < 1$，$\upsilon = \dfrac{1-\theta}{\theta} > 0$

對 (7) 式作一階條件處理：

$$\frac{\partial \theta}{\partial m} = \frac{(\beta - 1) \times \beta}{(1 - \beta \times m)^2} \tag{8a}$$

(8a) 式表示在 $1 > \beta > 0$ 條件下，地上經濟所得稅率提高將造成租稅遵循率 θ 下降，亦即納稅人逃稅情形會增加。

根據 (6) 式 $\dfrac{(1-m) \times (1-\mu)}{[(1+m) \times (\mu - 1)]} = \theta$，進一步探討以下各種狀況：

1. 當 $m = 1$ 時

可知 $\theta = \dfrac{(1-m) \times \beta}{1 - \beta \times m} = 0$ $\tag{8b}$

表示在此情況下的租稅遵循率 $\theta = 0$，租稅遵循率最低。

2. 當 $m = 0$ 時

可知 $\theta = \dfrac{(1-m) \times \beta}{1 - \beta \times m} = \beta$ $\tag{8c}$

表示租稅遵循率 $\theta > 0$，在此情況下的租稅遵循率 θ 等於納稅人地上經濟所得係數值 β。

命題：假設 $0 < m < 1$，$0 < \theta < 1$，則地上經濟所得稅率降低，造成納稅人考慮租稅遵循率 θ 後之有效稅率 r_e 提高的前提是：$\beta < \dfrac{2m-1}{m^2}$。

證明：由 (7) 式已知 $\theta = \dfrac{(1-m) \times \beta}{1 - \beta \times m}$，假定租稅遵循率為 $\dfrac{y_n}{y_n + y_u}$，設定 r_e 為考慮租稅遵循率 θ 後的有效稅率，即 $r_e = m \times \theta$；由 (8a) 式已知，$m \downarrow$ 將導致 $\theta \uparrow$，惟最後究竟會導致 $r_e \uparrow$ 或 $r_e \downarrow$。需視以下先決條件而定：

$$\frac{\partial r_e}{\partial m} = \frac{\beta(1 - 2m + \beta \times m^2)}{(1 - \beta \times m)^2} \tag{8d}$$

由 (8d) 式可知地上經濟所得稅率降低，考慮租稅遵循率後的有效稅率增加，

即 $\dfrac{\partial r_e}{\partial m} < 0$ 的前提是 $\beta < \dfrac{2m-1}{m^2}$。亦即在 $\beta < \dfrac{2m-1}{m^2}$ 情況下，地上經濟所得稅率 m 的降低反而因為納稅人租稅遵循率 θ 的增加而導致有效稅率 r_e 的提高。以上係假定納稅人逃漏稅不論是否被查到，其所付出的隱匿成本為 0，即 $H(s^*) = \int_0^\infty (h(s)ds) = 0$，惟即使設定隱匿成本 $H(s^*) = \int_0^\infty (h(s)ds) > 0$，將 (2) 式修正為：

$$L = \ln(y_n)^{1-\mu} \times y_u^{\mu} + \lambda \times \left(E - y_n - (1-m)y_u + \int_0^\infty (h(s)ds) \right),\ \text{同時將 (3) 式修正為：}$$

$\dfrac{\partial L}{\partial \lambda} = E = y_n + (1-m)y_u - \int_0^\infty (h(s)ds)$，並不會改變上述第 (4) 式至 (8d) 式推導所獲致的結果。亦即考量納稅人付出的隱匿成本大於 0，納入租稅遵循率後的有效稅率增加的先決條件仍需滿足 $\beta < \dfrac{2m-1}{m^2}$ 條件。

國家圖書館出版品預行編目資料

超圖解財政學／王有康, 童中儀, 張力, 何為民
著. －－初版. －－臺北市：五南, 2020.12
　面；　公分
ISBN 978-986-522-175-1 (平裝)
1.財政學
560　　　　　　　　　　109011578

1N2B

超圖解財政學

作　　　者 —	王有康　童中儀　張力　何為民
文 字 編 輯 —	黃志誠　許馨尹　許宸瑞
內 文 排 版 —	張淑貞
封 面 設 計 —	王麗娟
發 行 人 —	楊榮川
總 經 理 —	楊士清
總 編 輯 —	楊秀麗
副 總 編 輯 —	張毓芬
出 版 者 —	五南圖書出版股份有限公司
地　　　址：	106臺北市大安區和平東路二段339號4樓
電　　　話：	(02)2705-5066　傳　真：(02)2706-6100
網　　　址：	https://www.wunan.com.tw
電 子 郵 件：	wunan@wunan.com.tw
劃 撥 帳 號：	01068953
戶　　　名：	五南圖書出版股份有限公司
法 律 顧 問	林勝安律師事務所　林勝安律師
出 版 日 期	2020年12月初版一刷
定　　　價	新臺幣380元

 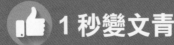

經典永恆・名著常在

五十週年的獻禮 ── 經典名著文庫

五南，五十年了，半個世紀，人生旅程的一大半，走過來了。

思索著，邁向百年的未來歷程，能為知識界、文化學術界作些什麼？

在速食文化的生態下，有什麼值得讓人雋永品味的？

歷代經典・當今名著，經過時間的洗禮，千錘百鍊，流傳至今，光芒耀人；

不僅使我們能領悟前人的智慧，同時也增深加廣我們思考的深度與視野。

我們決心投入巨資，有計畫的系統梳選，成立「經典名著文庫」，

希望收入古今中外思想性的、充滿睿智與獨見的經典、名著。

這是一項理想性的、永續性的巨大出版工程。

不在意讀者的眾寡，只考慮它的學術價值，力求完整展現先哲思想的軌跡；

為知識界開啟一片智慧之窗，營造一座百花綻放的世界文明公園，

任君遨遊、取菁吸蜜、嘉惠學子！